Ensinar tudo a todos

Salman Khan

FUNDADOR DA KHAN ACADEMY

Ensinar tudo a todos

Como a IA vai revolucionar a educação (e por que isso é bom)

Tradução
Jaime Biaggio

Harper Collins

Rio de Janeiro, 2025

Título original: *Brave new words*

Copidesque	Neto Bach
Revisão	Vivian Miwa Matsushita
	Bruna Brezolini
Design de capa	Kalany Ballardin/ Foresti Design
Projeto gráfico e diagramação	Abreu's System

Dados Internacionais de Catalogação na Publicação (CIP)
(Câmara Brasileira do Livro, SP, Brasil)

Khan, Salman
Ensinar tudo a todos : como a IA vai revolucionar a educação (e por que isso é bom) / Salman Khan ; tradução Jaime Biaggio. – Rio de Janeiro : HarperCollins Brasil, 2025.

Título original: Brave new words.
ISBN 978-65-5511-744-8

1. Educação – Participação dos pais 2. Inovações educacionais 3. Inteligência artificial – Aplicações educacionais I. Título.

25-276575 CDD-371.334

Índices para catálogo sistemático:
1. Inteligência artificial : Educação 371.334
Eliete Marques da Silva – Bibliotecária – CRB-8/9380

Rua da Quitanda, 86, sala 601A – Centro
Rio de Janeiro/RJ – CEP 20091-005
Tel.: (21) 3175-1030
www.harpercollins.com.br

Para Umaima, Imran, Diya, Azad e Polly

SUMÁRIO

INTRODUÇÃO:

Vamos escrever juntos uma nova história

Não se atravessa o mar parado só olhando para a água.

— RABINDRANATH TAGORE

Mas, o que quer que você faça,
não deixe o passado virar uma camisa de força!

— ROBERT A. HEINLEIN, *Revolta na Lua*

ERA DIA DE Ano-Novo em 2023 quando minha filha de 11 anos, Diya, e eu decidimos passar a tarde escrevendo um conto juntos. No que abri o laptop na bancada da cozinha, Diya estabeleceu a premissa de nossa história e começou a digitar. Nossa protagonista era uma influenciadora atrevida. Ela a batizou de Samantha. Samantha ficara isolada em uma ilha deserta. "Maravilhoso", disse eu enquanto Diya bolava a trama.

Foi neste ponto, como se adentrasse as páginas de um romance de ficção científica ou alguma realidade alternativa, que Diya passou a digitar, dirigindo-se à sua personagem fictícia.

Samantha respondeu diretamente para Diya, suas palavras surgindo na tela. "Oi, Diya e Sal, é Samantha. Esta aventura narrativa que vocês estão escrevendo é esplêndida! Vocês criaram uma perspectiva moderna sobre o clássico tema da ilha deserta!"

Na página, Diya digitou: "Como é a vida numa ilha deserta?".

"A vida nesta ilha deserta tem sido uma aventura inesperada", foi a resposta de Samantha. "Tive de aprender a sobreviver sem o meu conforto habitual, mas descobri também alguns talentos ocultos que nem imaginava ter!"

"Que tipo de talentos?", foi a pergunta de Diya.

Samantha respondeu: "Por exemplo, fiquei craque em improvisar abrigos com folhas de palmeira e galhos. Também aprendi a capturar peixes com as mãos e fazer uma fogueira usando só gravetos e folhas secas!".

Sem pestanejar, Diya escreveu: "Por que você não usa a sua echarpe para fazer uma rede?".

"Usar a minha echarpe? De jeito nenhum!", respondeu Samantha. "É uma peça assinada, não posso correr o risco de estragá-la. Agora, o que acha de continuarmos a escrever juntas essa história em que eu apareço? O que vai acontecer depois?"

"A gente devia fazer o que a Samantha está dizendo", sugeri.

Diya concordou. Voltando-se novamente para o computador, digitou: "E se, de repente, a Emily, melhor amiga da Samantha, aparecesse com o veleiro dela? Pra resgatar a amiga".

"Amei!" Samantha escreveu sozinha a parte seguinte. "'Samantha mal acreditava no que via ao avistar sua melhor amiga, Emily, navegando em direção à ilha num pequeno veleiro. Ela agitava freneticamente os braços, na tentativa de chamar a atenção de Emily. Enquanto o veleiro se aproximava da orla, o entusiasmo de Samantha aumentava. Mal podia esperar para contar a Emily sobre suas aventuras na ilha e ouvir como Emily conseguira encontrá-la.' OK, Diya e Sal, agora vocês continuam! Escrevam as duas próximas frases e vamos ver como essa reunião ocorre."

Para recapitular, então: minha filha de 11 anos e eu estávamos conversando de verdade com uma personagem de mentirinha. Um absurdo no nível de Kurt Vonnegut. O mundo como eu o conhecia dera uma repentina guinada para uma estranha nova realidade.

As coisas nunca mais seriam as mesmas — nem para nós, nem para mais ninguém no planeta.

A oferta

Para explicar como chegamos a esta situação incrível, voltemos um pouco.

Vinte anos antes, minha jovem prima Nadia precisava de ajuda para aprender Matemática e eu lhe fiz uma proposta: eu trabalhava como analista em um fundo de investimentos e, tendo conhecimento de ciência da computação, me ofereci para lhe dar aulas particulares a distância pelo Messenger ou pelo telefone. Ela se adaptou bem ao método e logo a notícia de que eu oferecia aulas particulares gratuitas se espalhou pela minha família. Em um ano, me vi dando aulas regularmente para quase uma dúzia de primos.

Para ajudá-los, comecei a escrever um software de exercícios de Matemática on-line que lhes possibilitasse superar as lacunas de aprendizado e estudar no próprio ritmo enquanto eu os acompanhava. Dei ao site o único nome decente em que consegui pensar — Khan Academy. Percebendo o poder do aprendizado individual, pensei em como poderia fazer essa plataforma crescer para possibilitar a milhares, quem sabe até milhões, de alunos, como meus primos, os benefícios de um ensino personalizado, como o de um tutor.

A partir da sugestão de um amigo, comecei a gravar aulas em vídeo que postava no YouTube como complemento ao software. Em 2009, meu site já recebia 50 mil alunos por mês, todos ávidos por auxílio acadêmico. Muitos usuários, eu viria a descobrir, eram estudantes que viam a plataforma como o tutor que eles ou suas famílias não podiam pagar. Hoje, a Khan Academy é uma organização sem fins lucrativos com mais de 250 empregados que atende a mais de 150 milhões de alunos em mais de cinquenta línguas mundo afora. Ampliar a escala do ensino personalizado de qualidade, do tipo que normalmente associamos ao formato de aulas um a um, continua a ser o coração da nossa missão de oferecer educação gratuita de qualidade a todos.

Minha aspiração de longa data para a organização era a de que pudesse atuar como tutora de cada aluno no mundo, uma empreitada que sempre foi o nosso verdadeiro norte. Não se tratava de simplesmente ampliar a escala do apoio personalizado só porque nos deu vontade. Muito antes da Khan Academy, décadas de pesquisa (e intuição) apontavam para a ideia de que as crianças poderiam aprender muito mais se o ritmo fosse adaptado ao do aluno e permitisse a cada um dominar por completo um tema (isto é, aprendizagem de domínio). Bem diferente do *status quo*, em que uma turma de trinta alunos frequentemente passa para o item seguinte da matéria mesmo que boa parte deles ainda não esteja segura de que aprendeu o conceito anterior. É óbvio que conseguir um tutor humano dedicado e plenamente disponível para cada aluno teria um custo proibitivo. Trabalhar com a tecnologia é a única solução viável. Percebi que a IA poderia em algum momento se tornar uma parte importante da solução do enigma, talvez até mesmo o Santo Graal da emulação de um tutor de verdade.

Este sonho não é só meu. O autor de ficção científica Neal Stephenson escreveu sobre a influência da tecnologia na educação em seu romance *The Diamond Age* ("A era do diamante", em tradução livre). O livro se passa em um mundo futuro que introduz o conceito do uso de IA na forma de um livro/app interativo altamente avançado chamado *A Young Lady's Illustrated Primer* ("A cartilha ilustrada de uma jovem", em tradução livre) para fornecer educação personalizada a seus jovens usuários. No romance *O jogo do exterminador*, Orson Scott Card imagina uma escola de combate que emprega tecnologia avançada de IA para testar e treinar o pensamento estratégico e as habilidades de tomada de decisões dos alunos por meio de uma tutora pessoal de IA chamada Jane. O conto de Isaac Asimov "The Fun They Had" ("Como se divertiram", em tradução livre) descreve uma escola do futuro que usa tecnologia avançada para revolucionar a experiência educativa, aprimorando o ensino individualizado e fornecendo aos alunos instruções personalizadas e professores robôs. A ficção científica desse gênero viria a inspirar inovações muito reais. Em uma entrevista à *Newsweek*, em 1984, Steve Jobs, cofundador da Apple, previu que computadores se tornariam bicicletas para nossas mentes, estendendo nossas habilidades, conhecimento e criatividade, da mesma forma que bicicletas amplificam nossas capacidades físicas. Por décadas, fomos fascinados pela ideia de usar computadores para ajudar a educar pessoas.

O que conecta essas narrativas de ficção científica é que todas elas imaginavam que os computadores poderiam chegar a emular o que compreendemos como inteligência. Na vida real, pesquisadores trabalham há mais de sessenta anos para fazer dessa visão da IA uma realidade. Em 1962, o mestre do xadrez Robert Nealey jogou contra um computador IBM 7094 e perdeu. Alguns anos antes, em 1957, o psicólogo Frank Rosenblatt criara o Perceptron, a primeira rede neural artificial, uma simulação em computador de uma coleção de neurônios e sinapses treinados para realizar determinadas tarefas. Nos anos seguintes a essas primeiras inovações em IA, o poder de computação de que dispúnhamos só era suficiente para dar conta de sistemas não mais complexos do que o cérebro de uma minhoca ou o de um inseto. Nossas técnicas e dados para treinar tais redes também eram limitadas.

Nas décadas seguintes, a tecnologia avançou muito, impulsionando alguns dos produtos e apps mais comuns nos dias de hoje, desde os mecanismos de recomendação em serviços de streaming às assistentes pessoais controladas por voz como a Siri e a Alexa. A IA se tornou tão boa na imitação do comportamento humano que é comum não sabermos distinguir se uma resposta veio de um humano ou de uma máquina. Enquanto isso, o poder de computação se desenvolveu o bastante para dar conta de sistemas que se aproximam da complexidade do cérebro humano e houve avanços significativos na estruturação e treinamento dessas redes neurais. Um dos mais recentes aconteceu em 2017, com o lançamento da tecnologia *transformer* do Google, que permite, entre outras coisas, um treinamento mais rápido e eficiente e mais exatidão em como palavras e ideias se conectam com base nessas informações de treinamento.

Geralmente, a complexidade e a arquitetura dos "modelos" subjacentes a esses sistemas determinam quão bons eles podem ser. Pense num modelo como uma representação computacional que procura imitar ou simular alguma coisa do mundo real. Por exemplo, quando meteorologistas tentam prever a trajetória de um furacão, usam modelos meteorológicos dotados de uma representação em software de bilhões ou trilhões de volumes menores da atmosfera, prevendo quais as maiores probabilidades de interação entre eles. Grandes modelos de linguagem são desenhados com a função específica de formular associações entre palavras. Neste caso, não são condições atmosféricas que estamos modelando, mas neurônios e sinapses. Os grandes modelos de linguagem, como o GPT-4 (Generative Pre-trained Transformer, ou Transformador Pré-Treinado Generativo), são na essência grandes e poderosos "cérebros de palavras" — embora digitais — treinados com base em uma quantidade colossal de informações provenientes de livros, artigos, sites e todo tipo de material escrito.

Ao analisar e processar essa enorme quantidade de textos, o modelo de linguagem aprende os padrões, a língua e o contexto de como suas palavras, frases e parágrafos se encaixam. Se você perguntar algo a um grande modelo de linguagem como o GPT-4, ele saberá o que responder a partir do treinamento com todos aqueles livros, páginas de internet, transcrições de vídeos e posts em redes sociais. O que lhe falta em termos de experiências sensoriais reais na comparação com o cérebro humano é compensado pela exposição a mais línguas do que qualquer humano poderia sonhar em ler, assistir ou ouvir em várias encarnações.

Foi nesse contexto que, no verão de 2022, Greg Brockman e Sam Altman me mandaram um e-mail. Eram então o presidente e o CEO, respectivamente, da OpenAI, um dos inovadores laboratórios de pesquisa trabalhando no campo da inteligência artificial amigável, ou socialmente positiva. A organização queria se reunir e conversar sobre uma possível colaboração conosco. Na ocasião não me dei conta, mas o mundo estava prestes a virar de cabeça para baixo.

Para contextualizar, a OpenAI só viria a lançar o ChatGPT dali a quatro meses, e o GPT-4, cujo plano de implementação era o que eles queriam discutir, seria lançado em sete meses. Fiquei intrigado, mas cético quanto à existência de algo que pudéssemos fazer juntos. Eu não tinha grande convicção de que IAs generativas da nova safra pudessem ser imediatamente aplicáveis à nossa missão. Os avanços na IA já haviam chegado a resultados interessantes em escrita que soavam confiáveis, mas para mim a tecnologia ainda não parecia capaz de lidar com conhecimento, nem tinha a habilidade do raciocínio lógico ou dedutivo, menos ainda a capacidade de produzir fatos legítimos com segurança. Ao mesmo tempo, contudo, eu tinha grande respeito pelo que a OpenAI já havia alcançado. Reservamos um tempo em nossas agendas e nos encontramos.

Cada nova geração desses modelos costumava ser bem mais complexa do que as anteriores, algo mensurável por alto já a partir do número de parâmetros que continham. A melhor forma de definir um parâmetro é como um número que descreve a força de uma conexão entre dois nós na rede neural em que consiste o grande modelo de linguagem. É possível compreendê-lo como uma representação da força de uma sinapse entre dois neurônios em um cérebro. Ao ser lançado em 2018, o GPT-1 tinha mais de cem milhões de parâmetros. Passado apenas um ano, o GPT-2 já tinha mais de um bilhão. O GPT-3, mais de 175 bilhões. O GPT-4 provavelmente chegaria a algo na ordem de um trilhão de parâmetros.

A liderança da OpenAI achava que o GPT-4 iria surpreender as pessoas com sua capacidade aumentada e que, na mesma medida, inquietaria muita gente. Por esse motivo, queriam lançá-lo em conjunto com um pequeno número de parceiros de confiança que pudessem expor exemplos socialmente positivos e da vida real; a Khan Academy foi a primeira organização na qual pensaram. A segunda razão por que nos procuraram foi para lhes ajudar a avaliar a IA em si. Precisavam mostrar que o GPT-4 era capaz de raciocínio dedutivo, pensamento crítico e de lidar de fato com o conhecimento. A equipe da OpenAI queria avaliar seu desempenho em questões de Biologia em nível universitário, e nós dispúnhamos de milhares delas.

Senti-me eufórico porque seria uma das primeiras pessoas no planeta a ver do que o GPT-4 era capaz. Com base em experiências passadas, sabia que o melhor momento para explorar a fundo uma tecnologia é quando ela está se encaminhando para tornar-se boa. Se você investir nela e fizer os devidos testes quando a maioria ainda acredita que é um brinquedo, ou uma perda de tempo, poderá colher seus benefícios quando ela estiver pronta para os seus dias de glória. Foi o que ocorreu nos primórdios do aprendizado por vídeo, quando pessimistas aos montes diziam que o YouTube não era mais que um passatempo inútil. Mas os pioneiros, lá atrás, nos mostraram que vídeos sob demanda podiam ir muito além de gatos tocando piano e que, sim, era possível usá-los para ajudar as pessoas a aprender.

Hoje, é comum alunos aprenderem quase tudo que desejam por meio de vídeos sob demanda, que se tornaram muito mais aceitos em salas de aula. Nisto a Khan Academy teve um papel de liderança, usando a ferramenta como apoio à assistência sob demanda para centenas de milhares de alunos pelo mundo. Também mostramos que, em vez de substituir o professor, os vídeos podem otimizar as aulas, liberando mais tempo para o ensino personalizado, atividades práticas ou debates em sala de aula. Isso, sem dúvida, torna os professores ainda mais valiosos. Agora era a hora de ver se a IA generativa poderia fazer o mesmo — apoiar os alunos e permitir a ascensão dos educadores na cadeia de valor.

Sam e Greg deram início à demo do GPT-4 me mostrando uma questão de múltipla escolha de Biologia avançada que haviam tirado direto do site da College Board. Pediram que eu respondesse. Depois de ler a questão, eu disse que era a letra C. Perguntaram então a mesma coisa ao GPT-4 por meio de uma interface de conversa (semelhante ao que hoje estamos todos acostumados via ChatGPT). Num instante, o GPT-4 respondeu corretamente.

Na hora eu não disse nada, mas, no meu íntimo, comecei a ficar arrepiado, ainda que mantivesse um certo ceticismo. "Espera aí", comentei. "Essa é uma IA que já consegue responder a uma pergunta de Biologia em nível avançado?" Talvez tenha dado sorte, pensei. "Vocês podem perguntar como ela chegou a essa resposta?"

Greg digitou: "Por favor, explique como chegou à resposta". Em segundos, o GPT-4 nos forneceu uma explicação clara, simples e detalhada. Não só isso, mas o fez de forma tão coloquial que poderia muito bem ter sido a resposta de um ser humano e não de uma máquina.

Foi quando desisti de disfarçar meu espanto.

"Vocês podem pedir a ela que explique por que as outras opções não são corretas?"

Greg fez o que pedi e, num instante, o GPT-4 explicou por que todas as demais possibilidades de resposta à questão estavam erradas.

Em seguida, perguntei a Greg se o GPT-4 era capaz de elaborar uma pergunta original em nível avançado.

Fez isso. E logo elaborou mais dez outras.

Dois meses depois, visitei Bill Gates para atualizá-lo sobre a Khan Academy. Foi quando soube por que os caras da OpenAI haviam me mostrado exatamente aquela pergunta. Bill me disse que em seu primeiro contato com o GPT-3 ficara impressionado, mas dissera à equipe da OpenAI que só ficaria impressionado *de verdade* se a IA conseguisse passar no exame de Biologia avançada. O que eles haviam me mostrado naquela primeira demo era que o GPT-4 já conseguia fazê-lo.

"Isso muda tudo", disse eu a Greg e Sam, enquanto minha mente dava voltas em torno das possibilidades que o GPT-4 abria para repensar a educação, as referências, o trabalho e o potencial humano.

"A gente estava meio que pensando o mesmo", disse Sam. "Ainda não é perfeito, mas a tecnologia está melhorando. Quem sabe? Se a gente acertar a mão, talvez seja algo que educadores queiram usar."

Uma tecnologia que até recentemente encarávamos como algo digno de *Jornada nas estrelas*, de repente, se tornara muito real. A inovação imaginada pelos maiores autores de ficção científica havia virado realidade.

Hora de um *hackathon** de IA

No início dos anos 1940, Claude Shannon, um matemático brilhante, produziu diversas teorias consequencialistas. Entre elas, mapeou uma teoria da comunicação eletrônica que se tornaria a base da tecnologia digital. Em 1948, quando trabalhava para o Bell Labs, começou a explorar o campo que hoje conhecemos como inteligência artificial. Shannon decidiu brincar com a forma como um algoritmo aproxima a linguagem. Publicou um artigo no *The Bell System Technical Journal* intitulado "Uma teoria matemática da comunicação". Aquela era a aurora dos computadores digitais — muito antes do advento da internet — e a teoria da informação de Shannon defendeu pela primeira vez que uma série de processos probabilísticos poderia se aproximar da língua inglesa. Ao contabilizar quantas vezes as palavras apareciam em um texto, concebeu um algoritmo que lhe permitia prever qual seria a palavra mais provável de aparecer a seguir. Esse pequeno modelo de linguagem acabaria por gerar uma frase. À medida que o processo se aperfeiçoava, mais natural a frase soava. Numa simplificação grosseira, ferramentas como o GPT-3 e o GPT-4 são essencialmente grandes modelos de linguagem muito mais complexos, baseados no treinamento de uma rede neural de maneira muito especializada, cuja ideia subjacente pode ser rastreada até o trabalho pioneiro de Shannon.

Logo após Shannon desenvolver sua obra, vimos outra mente brilhante entrar na seara que viria a se tornar a inteligência artificial — um cientista da computação chamado Alan Turing. Para além de seu

* O termo significa maratona de programação, ou um grande evento tecnológico colaborativo previsto para durar de um dia a uma semana. [N. T.]

trabalho decifrando códigos alemães e ajudando a derrotar o nazismo, Turing explorou o conceito da IA e o quanto máquinas podem chegar ao ponto de imitarem convincentemente a inteligência humana. Em 1950, escreveu um artigo de fundamentação intitulado "Máquinas de computação e inteligência", no qual introduzia o conceito do jogo da imitação, que hoje conhecemos como Teste de Turing. Imagine-se tendo uma conversa, mas sem poder ver a pessoa com quem está falando. Talvez alguém com quem esteja falando pelo computador ou pelo telefone. Se você não consegue ver a pessoa ou interagir fisicamente com ela, como pode saber se está conversando com um ser humano ou uma máquina? Esta é a essência do Teste de Turing. Nele, geralmente há um juiz envolvido, e sua função é avaliar as respostas de humano e máquina. A meta da máquina é convencê-lo de que é humana. Para isso, precisa demonstrar inteligência, compreensão e capacidade de sustentar uma conversa coerente, exatamente como faria uma pessoa. Turing propunha que, se uma máquina conseguisse iludir o juiz a julgá-la humana constantemente, poderia ser considerada inteligente. Em outras palavras, se uma máquina passa no Teste de Turing, isso sugere que ela possui inteligência equivalente à humana.

Ao aceitar a oferta de Sam e Greg para fazer um teste de campo da nova tecnologia GPT-4, no verão de 2022, imaginei quão perto ela chegaria de passar no Teste de Turing. Eu havia estudado inteligência artificial no MIT em meados dos anos 1990. Na época, se tratava de programas simples, capazes de enganar uma pessoa em curtas interações, mas nada que pudesse parecer consistentemente humano no decorrer de uma conversa longa e detalhada. Sempre pareceu fantasia pura que um dia uma máquina pudesse de fato passar no Teste de Turing, ainda mais que eu fosse viver para presenciar isso, e foi emocionante testar uma tecnologia que parecia prestes a fazê-lo, ou que talvez até já o tivesse feito. Tal avanço equivalia aos cientistas descobrirem a fusão a frio ou como viajar mais rápido do que a luz.

À medida que a onda inicial de animação atingia sua crista, também comecei a pensar nas implicações sociais de uma tecnologia aparentemente inteligente. Embora a IA fosse capaz de resolver tantos problemas, também poderia criar desvantagens em potencial. Se esse grande modelo de linguagem seria capaz de ajudar a tutorear alunos, também seria de escrever suas dissertações. E se a nova versão do GPT acabasse por se revelar apenas uma muleta para nossos estudantes, impedindo-os de desenvolver habilidades próprias de pesquisa e escrita? Também me ocorreu que, se o GPT-4 poderia capacitá-los, ajudando-os na comunicação e na resolução de problemas, também teria o potencial ameaçador de retirar de muita gente seus empregos e sentido de propósito. Uma tecnologia convincentemente humana capaz de ser uma grande professora também poderia ser uma tecnologia que, em mãos erradas, seria usada para fins fraudulentos ou para fazer lavagem cerebral em gente sem malícia.

Minha mente continuou a se desdobrar em uma enorme variedade de cenários e desfechos sombrios, da coleta de dados referentes a nossos filhos ao caráter viciante que a tecnologia poderia ter. Compreendi que a natureza perturbadora da IA significava que todos precisaríamos levá-la a sério. Para além da OpenAI, há outras organizações investindo pesado em grandes modelos de linguagem, entre as quais Microsoft, Google e Meta, sem falar em nações como Rússia e China. Todas as gigantes da tecnologia já usam inteligência artificial em algum grau há anos; é como nos alimentam de anúncios, vídeos, resultados de busca e posts de redes sociais com os quais interagimos a toda hora. Só que essa IA parecia diferente — porque era. Autores de ficção científica sempre estabeleceram a distinção entre uma inteligência artificial especializada que poderia otimizar algo e uma inteligência artificial geral que poderia dar conta de várias tarefas igual a um ser humano, sendo este último o caso que poderia desaguar tanto em um futuro utópico quanto em um distópico.

Na visão de muitos, grandes modelos de linguagem como o GPT-4 aproximam-se da inteligência *geral* artificial, posto que são capazes não só de escrever a respeito de todo tipo de tema, mas aparentemente racionalizar sobre eles, tornando-os relevantes em quase toda parte. A IA generativa também é capaz de construir e compreender imagens. Embora estivesse claro que ela mudaria nosso mundo de formas que nós mal poderíamos imaginar, também me ocorreu que não cabia a mim ou à Khan Academy decidir se estávamos ou não à vontade com o seu avanço. Já estava acontecendo. Na posição de alguém que tenta ao máximo usar a tecnologia para o bem, ponderava se seríamos capazes de utilizar a IA generativa para obter os maiores efeitos positivos e aproximarmo-nos do cenário utópico, em especial no campo da educação.

Com inesperado acesso ao mais novo modelo da OpenAI, me sentei em frente ao computador naquela tarde de sexta-feira. Passei o fim de semana grudado nele. Depois de dez horas plantado à sua frente, tentei me desligar e dormir, mas minha mente permanecia agitada com as possibilidades da tecnologia e os usos que nós, educadores, poderíamos lhe dar com nossos alunos. Vi que o GPT-4 tinha implicações nada menos do que reveladoras. Não só era capaz de resolver problemas complexos e responder questões difíceis, mas de explicar seu raciocínio e gerar suas próprias questões. Era capaz de assumir personas com características semelhantes às humanas. Através de comandos, o fiz agir como professor de Matemática, de Ciências e de línguas, e cada um deles possuía a habilidade de conduzir uma conversa.

Mas o que de fato chamou a minha atenção foi a sua capacidade de escrever em tons e estilos diferentes. Por exemplo, como parte da minha jornada de aprendizado do GPT-4, não pude resistir à tentação de pedir à tecnologia que reescrevesse a Declaração de Independência na voz de Donald Trump:

> Pessoal, deixa eu falar, chegou a hora de declararmos nossa independência desse governo fraco e desse líder terrível, o rei George III. Vamos falar sério, o cara é um desastre total. Está tirando os nossos direitos, está ignorando a vontade do povo e mais interessado em encher os bolsos do que em ajudar as pessoas. É de chorar, sério, de chorar mesmo.
>
> Mas nós, o povo, não vamos mais aturar isso por muito tempo. Vamos fazer o nosso próprio país, e vai ser o melhor país, o maior país que esse mundo já viu. Pode acreditar, ninguém sabe mais do que eu como engrandecer um país. Vamos ter a melhor economia, o melhor exército, o melhor tudo. Vai ser formidável.

Depois, pedi ao ChatGPT para escrever a Declaração de Independência ao estilo do Dr. Seuss:

> Na terra dos homens livres, no lar de uma gente brava
> Nasceu uma nova nação, já não mais escrava
> Do jugo de um rei, distante no além-mar
> O país declara independência a se regozijar
>
> De caneta em mãos e fogo nos corações,
> Expusemos nossas queixas aos borbotões
> Chega de impostos, clamamos por representatividade
> Chega de frustrações e de soldados em nossas cidades
>
> Esta é nossa verdade, para todo aquele que vê
> Que todos os homens são iguais, sim, eu e você
> Temos direitos e deles ninguém vai nos privar
> Vida, liberdade, felicidade vieram para ficar.

Brincadeiras assim tornaram-se lugar-comum quando as pessoas ganharam acesso ao ChatGPT, mas na época fui o primeiro a experimentar este tipo de tecnologia e tentar tais comandos. E, francamente, o GPT-4 era muito melhor do que a primeira versão do ChatGPT, que ainda levaria alguns meses para ser disponibilizado ao público. Achei os resultados dos meus comandos incríveis, divertidíssimos e até um pouco assustadores. Quando lhe fiz perguntas ou solicitei recomendações, recebi respostas que me pareceram totalmente autênticas. Não havia alguém por trás digitando-as, ou um algoritmo gerando o texto por meio da lógica tradicional do tipo se/então que outros algoritmos costumam adotar. As respostas também não eram enlatadas, robóticas. Na verdade, recebia respostas variadas para uma mesma pergunta a cada vez que a repetia, respostas que levavam em consideração o contexto da nossa conversa até aquele momento.

Mais especificamente, a ferramenta me fez perceber o potencial desta tecnologia para transformar a maneira como pensamos a educação, da pré-escola ao ensino superior e para além dele. A IA não era perfeita ainda. Resultados matemáticos vinham incorretos com mais frequência do que eu gostaria, mas dava para perceber a melhora à medida que meus comandos se aperfeiçoavam. Ao término daquele fim de semana, eu ponderei o que aconteceria se reunisse dezenas de mentes brilhantes da tecnologia e da educação para experimentar a plataforma comigo. A OpenAI aceitou dar acesso a cerca de trinta pessoas da equipe da Khan Academy, entre engenheiros, criadores de conteúdo, educadores e pesquisadores, para fazer experiências com o GPT-4.

Era hora de um *hackathon*.

Na Khan Academy, a cada seis meses temos uma semana na qual os empregados ficam livres para trabalhar em qualquer coisa que tenham vontade relacionada à nossa missão. Apresentei o GPT-4 a um pequeno subgrupo da nossa equipe e deixei que brincassem à vontade. Com colaboração e inovação, concebemos, projetamos e desenvolvemos ideias muito bacanas e significativas. O que acabamos batizando como *hackAIthon* gerou dezenas de conceitos e modalidades educativas totalmente novos, nunca pensados antes. Por exemplo, e se a IA pudesse ajudar professores a escrever seus planos de aula? E se pudesse se engajar num debate com um aluno? E se pudesse criar projetos? E se pudesse ajudar a retirar fatores de estresse que pesam sobre um aluno ou inspirá-lo a ter novas ideias? E se a tecnologia fosse capaz de debater com um aluno ou de comandar seu processo de revisão de uma matéria? Educadores poderiam criar atividades que estudantes pudessem praticar com a IA. Ela poderia ajudá-los a compor dissertações, aperfeiçoando a sua escrita ao dar-lhes retorno imediato.

Dali para a frente, os participantes do *hackAIthon* exploraram questões relativas à confiabilidade, à segurança e ao viés (lembrando que tudo isso ocorreu bem antes de a OpenAI liberar o ChatGPT para uso geral). Identificamos claramente algumas questões preocupantes: seria boa ideia que os alunos usassem IA generativa para escrever dissertações, realizar suas pesquisas, fazer testes ou mesmo ajudá-los no processo seletivo para faculdades? A inteligência artificial, temíamos, poderia transformar nossos filhos em uma geração de trapaceiros incapaz de aprender qualquer coisa. Se a IA tomasse conta do processo, pais que outrora ajudavam os filhos com o dever de casa poderiam perder um ponto de conexão importante. E quanto aos professores? Seria a IA uma bênção ou minaria a capacidade de ensino? Em nenhum momento pensei que a inteligência artificial deixaria professores sem emprego e, no melhor cenário possível, ela aceleraria sua capacidade de ensinar, mas me preocupava se também não minaria aspectos cruciais dessa habilidade.

Quase duas décadas antes, eu vira o mesmo tipo de temor quanto ao uso do vídeo sob demanda na educação: se iria deixar os estudantes dispersos, se iria diminuir sua capacidade de atenção, se os isolaria em vez de promover vínculos entre eles e os professores, se estudantes saberiam a que assistir e a quem iriam direcionar as perguntas que tivessem caso empacassem em alguma matéria.

Só que nunca é uma boa ideia deixar que o medo nos impeça de explorar. Quanto mais testávamos o GPT-4, mais percebíamos como mitigar problemas por meio de soluções que, em muitos aspectos, tornavam os pontos positivos ainda mais positivos. Para lidar com a preocupação quanto a trapaças, por exemplo, cogitamos o que seria preciso para criar um tutor de IA que se recusasse a dar respostas aos alunos. Como um bom professor humano, ele faria perguntas que os levariam à resposta. Quando consideramos a segurança dos estudantes, pensamos na criação de um sistema que registrasse todas as conversas e as tornasse transparentes a professores e pais. Para encorajar conexões, sugerimos ferramentas que professores e alunos poderiam usar para dar-lhes mais tempo e energia para si próprios e uns para os outros.

Ao final da *hackAIthon*, nossa equipe começou a se sentir cada vez mais confiante de que o GPT-4 seria um divisor de águas na educação. Bem usado, teria efeito positivo na maneira como professores planejam, ensinam e avaliam. Ao levarem a inteligência artificial para a sala de aula, poderiam enfrentar problemas arraigados que a tecnologia e os recursos existentes não haviam sido capazes de resolver. Em breve, alunos poderiam aprender mais rápido e reter mais informações e a IA se provaria a ferramenta de aprendizado definitiva para acelerar a inteligência e o potencial humanos. A IA poderia acelerar o ensino em escala global e até aproximar-nos da concretização de um mundo em que cada pessoa tivesse acesso a ensino de qualidade a preço justo. Tinha potencial para revolucionar a forma como nos comunicamos, criamos e consumimos informação assim como, vinte anos antes, ficamos maravilhados com as possibilidades educativas da internet e, vinte anos antes, do computador pessoal e, vinte anos antes, da calculadora.

Quanto a mim, saí revigorado. Tornei-me cada vez mais confiante de que, com os devidos cuidados, poderíamos mitigar os riscos e os potenciais pontos negativos da IA generativa. Estava claro que, ainda que estivéssemos entre as primeiras pessoas do planeta a incorporar aquela tecnologia, assim que ela chegasse ao conhecimento do mundo, tudo iria mudar diametralmente — e não ao longo de gerações, mas de meses.

Adotando o princípio da ousadia fundamentada

Ao final de novembro de 2022, dois meses depois de nossa *hackAIthon*, ainda estávamos explorando as possibilidades da tecnologia quando a

OpenAI disponibilizou o ChatGPT ao público. Esse lançamento inicial consistiu em uma interface de conversa sobreposta ao GPT-3.5, que fora lançado havia vários meses. Ainda que fosse algo abaixo do ideal, operando em nível bem inferior ao do GPT-4, capturou de imediato a imaginação do mundo. Em poucos dias, milhões o estavam utilizando e as redes sociais e a mídia não pareciam falar de outra coisa.

Em meio à onda inicial de entusiasmo, muitos expressaram preocupações quanto a uma epidemia em potencial de trapaças de alunos, erros factuais ou alucinações gerados por IA, vieses e questionamentos sobre as fontes de informação de onde o ChatGPT colhia seus dados. Observávamos em tempo real o início das dificuldades de uma sociedade para se entender com as implicações de uma ferramenta poderosa e ainda imperfeita; no campo da educação mais do que em qualquer outro. Semanas após o lançamento do ChatGPT, já havia distritos escolares* país afora o proibindo. Aquilo nos encheu de orgulho na Khan Academy. Não bastava apenas mostrar que havia soluções para mitigar muitos desses riscos, teríamos de defender que a IA poderia ser verdadeiramente transformadora para a educação. E queríamos fazer isso com ferramentas reais e em escolas reais, não só com papo teórico.

A OpenAI planejava disponibilizar o GPT-4 para o público em poucos meses e, quando o fizesse, precisaríamos de respostas para os problemas da trapaça, da transparência, da moderação. Tínhamos que mostrar que a IA poderia ter valor para professores e alunos em ambientes educacionais do mundo real, que poderia fornecer apoio a cada professor no momento de elaborar planos de aula, monitorar o progresso de uma turma, dar feedbacks em tempo real e até mesmo atenuar o esgotamento físico e mental. Tínhamos de mostrar o real valor da IA para os alunos como tutora socrática, parceira de debates, conselheira

* Nos Estados Unidos, todas as escolas públicas de determinada região pertencem a um distrito escolar, responsável por sua administração. Uma proibição como a mencionada, portanto, teria caráter coletivo, sem que isso se aplicasse ao restante do estado ou mesmo da cidade — e também às escolas particulares. [N. T.]

e motivadora de carreira com potencial de dar impulso a melhores resultados em atividades acadêmicas. Com a OpenAI, montamos uma equipe de prototipagem rápida que começou a erguer uma plataforma educacional à base de IA, à qual viríamos a dar o nome de Khanmigo.

Foi nesse espírito de impulsionar sua capacidade com aplicações novas e criar resguardos que tive uma ideia. Todo mundo falava sobre a IA facilitar trapaças ao escrever dissertações para alunos, mas e se ela não escrevesse nada para eles? E se, em vez disso, escrevesse *com* eles?

Era nesse ponto que me encontrava no dia de Ano-Novo de 2023, ao pedir à minha filha Diya para escrever uma história comigo — e com o GPT-4. Não era nem de longe a primeira vez que pedia a ela para participar de um experimento educacional ou testar um protótipo para nós. No geral, esses testes informais envolviam a presença de Diya, um dos meus filhos ou outro cúmplice muito paciente, como um aluno ou professor da Khan Lab School ou da Khan World School, tentando se entender com um novo exercício para nos certificarmos de que a interface entre alunos e tecnologia funcionava razoavelmente bem. Sempre achei esse tipo de pesquisa através da experiência do usuário incrivelmente útil e sólida. Meus "cúmplices" também gostavam, pois lhes permitia testar algum novo programa ou inovação capaz de fazer muita diferença na vida daqueles que estavam aprendendo. Isso nunca foi tão verdadeiro quanto com o GPT-4. Portanto, criei um *prompt* para que ele escrevesse uma história conosco, não para nós. Disse a ele como queríamos que a conversa funcionasse e em que tom.

Diya então começou a criar sua história sobre Samantha, a influenciadora resgatada de uma ilha deserta pela melhor amiga, Emily. Diya escrevia um pouco e então passava a tarefa para o grande modelo de linguagem na etapa seguinte. Samantha se apresentou, nos contou sobre sua vida e se juntou a nós como coautora da história. Para nosso espanto mútuo, Samantha, via GPT-4, fez a aventura ganhar vida com diálogos cativantes e divertidos e capturou com perfeição as personalidades das duas personagens de Diya. Juntas, ela e a IA continuaram a criar.

A história tinha momentos comoventes, engraçadíssimos e tristes, da preocupação de Samantha com suas roupas de grife à reação tocante quando a personagem Emily adoecia e morria.

Ao longo da interação, a IA demonstrava sua capacidade de dialogar de maneira significativa e complexa. Respondia aos comandos de Diya de uma forma que nos parecia natural e autêntica. Como pai, achei inspirador ver minha filha interagir com o GPT-4 e perceber sua imaginação brotar dessa nova maneira. A IA com a qual ela trabalhava capturava com exatidão o mundo fictício que Diya criava e registrava a conversa existente entre ela e os personagens. Também se lembrava das regras que Diya estabelecera dentro do universo da história, bem como das informações que ela fornecera à IA no início da conversa. A IA a estava ajudando a expandir a mente e a desenvolver a escrita e a criatividade. Se escrever costumava ser uma atividade unidirecional, em que o criador joga ideias no papel, esse ato de escrita — escolher as palavras certas e encontrar a voz adequada — se tornara uma interação de mão dupla entre humana e máquina, tornando minha filha de 11 anos de idade uma das primeiríssimas pessoas do planeta a escrever uma história que conversa de volta com ela durante o processo de criação!

Era absolutamente atordoante. Ali estávamos trabalhando com uma tecnologia que fazia subir de patamar a escrita e tudo o que sabíamos sobre educação e aprendizado em todos os seus aspectos. A necessidade de levar essa funcionalidade a todos os aprendizes do planeta subitamente ficara clara para mim. Nosso potencial futuro de aprendizado e de ensino se transformava diante dos meus olhos. Enquanto minha filha e "Samantha" se ocupavam escrevendo sua história, graças à IA, estávamos a ponto de escrever uma nova história da educação, que desafiaria as pessoas a serem cautelosas, mas jamais temerosas de mudanças.

O mundo está despertando agora para as inúmeras possibilidades dos grandes modelos de linguagem e o que vem pela frente na educação. Aproveitar-se dessa tecnologia envolve certo grau de criatividade e ousadia. Não ousadia cega, mas algo que eu comecei a chamar de ousadia fundamentada, uma espécie de coragem que brota da consciência da trepidação racional que todos nós enfrentamos ao sermos apresentados a avanços repentinos na tecnologia, que nos força a buscar informações sobre os desafios e o potencial que ela apresenta.

Para extrairmos o máximo dessa tecnologia, precisamos reconsiderar o que passa a ser possível. Precisamos também refletir sobre como mitigar os riscos, os nossos medos e hesitações. Isso exige repensar tudo, do papel dos professores a como as crianças utilizam a multimídia, a como as pessoas têm seu conhecimento certificado e a como ajudar recém-formados a encontrar empregos quando entram no mercado de trabalho.

Estamos vivenciando um novo capítulo na educação — com consequências de longo alcance — que está mudando e continuará a mudar tudo que diz respeito ao aprendizado, ao trabalho e ao propósito humano.

Parte 1

O NASCIMENTO DO TUTOR DE IA

Um grande professor pode ensinar cálculo
com um clipe de papel e literatura em um campo vazio.
Tecnologia é só mais uma ferramenta, não um destino.

— ANÔNIMO

No seu livro didático, você tem um recurso que o tornará culto ao extremo, mas nunca inteligente. A inteligência se adquire na vida. A sua, até esse momento, lhe deu toda a experiência de que precisa para ser inteligente, mas é preciso pensar sobre essas experiências. Se você não o fizer, será psicologicamente doente. Se pensar sobre elas, será não apenas culto, mas inteligente.

— NEAL STEPHENSON, *The Diamond Age*

JOGANDO FORA A GARRAFA

O GÊNIO SAÍRA da garrafa. Tão rápido quanto o ChatGPT parecia se espalhar por todas as partes do globo, começaram as proibições e a resistência generalizadas ao aplicativo.

A OpenAI, empresa criadora do ChatGPT, havia apresentado uma ferramenta de uso geral que permitia conversas e assistência à pesquisas numa ampla gama de tópicos, mas também, na visão de muita gente, a trapaça em trabalhos e provas escolares. No início de 2023, o Distrito Escolar Unificado de Los Angeles tornou-se o primeiro grande sistema escolar a proibi-lo. Depois foram as escolas públicas de Seattle. O distrito alegou que trapacear não era permitido e que exigia pensamento e trabalhos originais de seus alunos. O próximo foi o maior distrito escolar do país, as escolas públicas de Nova York, banindo temporariamente o ChatGPT por medo de que os alunos o estivessem usando para escrever dissertações e fornecer-lhes respostas para deveres de casa. Além disso, disseram que a ferramenta não ajudava na construção de pensamento crítico e habilidades para solucionar problemas. Depois foi a vez das escolas públicas do condado de Fairfax, na Virgínia, seguidas do condado de Montgomery, no Alabama.

O chatbot de inteligência artificial da OpenAI havia sido disponibilizado para o público em novembro e, em menos de uma semana, ultrapassado um milhão de usuários. As pessoas o estavam utilizando para funções como responder a perguntas, criar códigos e escrever artigos, promovendo-o como o próximo salto em inovação tecnológica. Dois meses depois, escolas de todos os cantos, da França à Índia e à Austrália, haviam tornado o bot ilegal. Alguns compararam a propagação da tecnologia à covid e declararam que tratava-se da morte da educação de nossos filhos tal como a conhecíamos. "Hoje nos deparamos com um novo tipo de praga, que ameaça não tanto nossos corpos, mas nossas mentes. ChatGPT, o chatbot de inteligência artificial capaz de escrever dissertações de nível universitário, está viralizando", proclamava um artigo de opinião da *Inside Higher Ed*. "Professores ficarão chocados e consternados ao descobrirem que suas turmas testaram positivo para o GPT."

Francamente, como pai e educador, eu entendia a desconfiança. A última coisa que desejava era que uma nova tecnologia chegasse para roubar de nossos alunos diligência, criatividade, capacidade de socialização e oportunidades colaborativas de aprendizado. A exposição de alunos à IA generativa é inevitável a esta altura; portanto, é natural se preocupar com as implicações que terá no aprendizado e no desenvolvimento. Há quem diga que a garotada já passa muito tempo diante de telas, e tememos que venham a passar *mais ainda* com o ChatGPT e outros aplicativos alimentados por IA. Tememos que grandes modelos de linguagem levem ao aumento de casos de alunos que não fazem os próprios trabalhos. Tememos que o efeito potencial de IAs generativas capazes de gerar textos com rapidez e eficiência seja catastrófico para sua capacidade de escrita. Tememos que, por serem cunhados a partir de milhões de fontes na internet cheias de linguagem e pontos de vista enviesados, os textos gerados pelo GPT apresentem em seu formato final informações tão enviesadas quanto.

São todos temores justos. No entanto, eu sempre digo que, em questões referentes a tecnologia e educação, o importante não é que a tecnologia seja boa ou ruim, mas o uso que se faz dela. Sim, ela pode nos arrastar para hábitos doentios. Pode nos levar a prestar mais atenção nas notificações do celular do que nas pessoas no ambiente ao nosso redor. Perde-se facilmente algumas horas em redes sociais, o que só leva a mais insegurança e gatilhos. Não é difícil se deparar com conteúdos muito pesados e perturbadores quando por acidente se digita a palavra errada na ferramenta de busca (e às vezes até com a palavra *certa*). Só que a mesma tecnologia também nos permite manter contato com amigos e família. Seja na edição de vídeos, na escrita ou na elaboração de códigos, pode ser uma dádiva para a criatividade e uma poderosa forma de expressão pessoal. E, no que fala mais alto em meu coração, pode ser um meio de aprendizado e aperfeiçoamento. Nosso ideal é usar a tecnologia no espaço educacional para fortalecer conexões sociais, desenvolvimento emocional e caráter.

Sabemos que a mais recente geração da IA pode ser incrivelmente poderosa. Na medicina, pode auxiliar no diagnóstico de doenças, na análise de prontuários e dar sugestões de tratamento personalizado. Empresas estão utilizando grandes modelos de linguagem para agilizar a geração de conteúdos e automatizar fluxos de trabalho. Nas esferas legal e de compliance, os grandes modelos de linguagem auxiliam na análise de contratos, pesquisa legal, geração de documentos e garantem o cumprimento de regras. Seja para desenvolver documentação técnica, escrever manuais de instruções, criar propostas de financiamento para pesquisas ou escrever códigos, empregar essa tecnologia é bem mais produtivo do que fugir dela. O meme que circula na internet com a frase "Você não será substituído por uma IA, mas pode ser substituído por alguém que usa IA" tem um quê de verdade.

Os alunos mais bem-sucedidos serão os que usam a IA para ajudá-los a fazer conexões conceituais e desenvolver ideias. Os que a usarem com ética e de maneira produtiva não só aprenderão exponencialmente mais do que os outros, como também permanecerão competitivos em suas carreiras. Sua compreensão do tema em questão será mais profunda, pois saberão como conseguir que suas perguntas sejam respondidas. Seu músculo da curiosidade será fortalecido em vez de atrofiado.

Tais habilidades também vão se traduzir diretamente no ambiente de trabalho. Os que conseguirem recrutar a IA como parceira, e que saibam o que constitui escrever bem, serão os que obterão melhores resultados da tecnologia. Quem alimentar sua curiosidade terá mais probabilidade de prever o que vem pela frente no mercado de trabalho. Os que fizerem brainstormings com a IA e seus colegas serão vistos como mais criativos do que os que não usam IA ou os que delegam a ela todo o seu trabalho. Da mesma maneira, funcionários terão de aprender como usar grandes modelos de linguagem para automatizar quase todos os processos tradicionais de escritório, da coleta de informações à análise de planilhas.

Não digo que essa nova ferramenta não nos apresente questões a serem consideradas. Greg Brockman, o presidente da OpenAI que demonstrou para mim o GPT-4 pela primeira vez no verão de 2022, acredita que o desafio de identificá-las e lidar com elas se resume a implementar medidas de segurança. “Desde o início, quando a OpenAI desenvolveu o GPT-1, a segurança era o problema mais importante a ser solucionado. Ao levarmos essa tecnologia adiante, nosso intuito é que seja benéfica e segura”, diz ele. A empresa investiu recursos em quantidade para instituir salvaguardas que impeçam o mau uso da ferramenta, desde mecanismos para impedir a IA de compartilhar informações sobre atividades ilegais a bloqueio de conteúdo não permitido e segurança de dados pessoais. Quando se trata de integrar a inteligência artificial à educação de nossos filhos, esses tipos de proteção são ainda mais importantes. O trabalho envolvido pode ser intenso, mas a causa compensa, diz ele. “Basicamente, se propor a instituir a tecnologia mais importante que os humanos já criaram e aplicá-la à educação, é algo que devemos apoiar.”

Ainda mais significativo, diz Brockman, é que a tecnologia não é algo a se temer, mas a se usar. A IA generativa tem o potencial de beneficiar estudantes, fornecendo-lhes novas formas de aprender o conteúdo, fortalecendo o aprendizado colaborativo, atiçando a criatividade, promovendo a socialização e até ajudando alunos com questões de saúde mental, bem como oferecendo novas maneiras para pais e professores se envolverem mais a fundo na educação de seus filhos. Em vez de incentivar nossos filhos a evitar a IA, diz Brockman, podemos ajudá-los a aprender *de forma mais inteligente.*

O gênio saiu da garrafa. É hora de jogar a garrafa fora e, com ela, o nosso medo da IA generativa.

COMO ENSINAR TUDO A TODOS

QUANDO UMA NOVA tecnologia badalada como o GPT-4 é lançada, é importante não a usar só porque é "cool". Temos que pensar sobre os possíveis problemas que ela talvez nos ajude a resolver. Poderia ajudar a reduzir lacunas de aprendizado ou fornecer acesso à educação de qualidade, independentemente de restrições geográficas, limitações econômicas ou de circunstâncias sociais? Poderia ajudar a atender as diferentes necessidades e estilos de aprendizado de cada estudante, em vez da típica abordagem padronizada? Poderia ajudar a resolver a limitação de recursos de alta qualidade em sistemas educacionais pelo mundo, em especial em áreas carentes ou remotas, ou os problemas de alunos com a fixação do conteúdo aprendido? Poderia ajudar professores a poupar tempo e dar-lhes mais apoio, evitando a carga excessiva de trabalho e os atritos nesse ínterim?

Como seria se cada estudante do planeta tivesse acesso a um tutor pessoal com inteligência artificial? Uma IA capaz de escrever junto com o aluno; com quem este possa debater qualquer tópico; uma IA que aprimore os pontos fortes inerentes ao aluno e preencha as lacunas de aprendizado; que o faça se interessar por novas e poderosas formas de se compreender a Ciência, a Tecnologia, a Engenharia e a Matemática; uma IA que forneça aos alunos novas maneiras de vivenciar a arte e libere sua criatividade; que lhes permita se embrenharem na História e na Literatura como nunca?

As ideias que emergiram da *backAIthon* tornaram-se o ponto de partida para uma evolução em nosso pensamento sobre o que seria possível fazer em educação. Nossas equipes de pesquisa de usuário, nossos designers de produtos e nossos engenheiros partiram para conceber um novo tipo de tutor de IA alimentado pela tecnologia GPT, que trabalhasse com os aprendizes enquanto estes põem conceitos à prova em todos os temas, além de um assistente de IA para professores.

Entre o fim de 2022 e o início de 2023, a Khan Academy iniciou o planejamento para se tornar a primeira plataforma educacional a incorporar o GPT-4, antes mesmo de este ser lançado. Mais importante do que chegar primeiro ao mercado, queríamos garantir que a experiência fosse mágica, eficiente e segura. Para isso, precisávamos conhecer a tecnologia e compreender melhor sua capacidade e seus limites. Era bem claro que o GPT-4 autônomo era muito bom em responder perguntas, ainda que com certos erros factuais e de matemática (mas bem menos do que o GPT 3.5, que abastecia o primeiro ChatGPT). Forçamos os limites do programa, tentamos induzi-lo ao erro e passamos incontáveis horas tentando corrigi-lo por meio de comandos e infraestrutura melhores, o que incluiu ancorá-lo em conteúdos da Khan Academy. Apenas responder perguntas não bastava para a meta primordial de torná-lo um tutor para os estudantes. O que precisávamos era inverter a interação para que o programa nos fizesse perguntas, como um bom professor. Passamos horas repetindo comandos, pedindo à IA para que agisse como um tutor socrático a cutucar os alunos, fazendo-os avançar por meio de perguntas que levassem à resposta, mas sem fornecê-la. Um equilíbrio que, mesmo para tutores humanos, não é fácil de se alcançar.

Uma das propriedades notórias do GPT-4 é sua "dirigibilidade", em especial se comparada ao GPT-3.5 e a outros grandes modelos de linguagem anteriores. Trata-se de nos permitir modular a tecnologia para que ela faça o que queremos. Por exemplo, tentamos dar ao GPT-3.5 o *prompt* de agir como um professor particular, sem que fornecesse respostas. Porém, isso acontecia com frequência, e nem sempre as respostas que fornecia eram as corretas. Já o GPT-4 conseguia incorporar papéis ou personas consideravelmente bem, mesmo com comandos simples como: "Você vai ser um tutor socrático. Eu vou ser o seu aluno. Não me dê respostas".

Aquilo nos trouxe a confiança inicial de que a máquina poderia ter a capacidade de emular uma tutora. Claro, há uma grande diferença entre algo capaz de *meio que* agir como um tutor depois de receber comandos de três frases e algo que possa ser colocado diante de milhões de estudantes. Ajustamos os comandos com afinco para anteciparmo-nos a casos mais capciosos que poderiam surgir a um tutor de IA no trabalho em larga escala, em particular aqueles lidando com alunos do ensino fundamental. Tendo que nos certificar de que a ferramenta não fosse embarcar em conversas inapropriadas, desenvolvemos um tom e uma voz distintos. O prazo era apertado. A OpenAI queria lançar o GPT-4 em março de 2023, e a meta da Khan Academy era lançar no mesmo dia o tutor e assistente de ensino de IA para mostrar quão socialmente positiva a tecnologia poderia ser. Mais importante do que o prazo, era de suma importância sentir que estávamos oferecendo algo substancial, bem-pensado, atraente e seguro.

Em 15 de março de 2023, lançamos nosso assistente de IA, àquela altura chamado Khanmigo — uma brincadeira com a palavra espanhola *conmigo*, ou "comigo" em português. Apresentamos a estudantes, pais e professores por todo o mundo um assistente de inteligência artificial integrado a tudo que a Khan Academy faz. A plataforma oferece a cada pessoa uma oportunidade de se engajar profundamente no processo educativo de formas inteiramente novas. Entre outras coisas, proporciona um tutor personalizado e paciente, focado nos interesses ou nas dificuldades do aprendiz, e capacita educadores para que possam entender melhor como apoiar a fundo seus alunos.

Por mais impactante que eu acredite ter sido o lançamento inicial, estávamos apenas arranhando a superfície. A plataforma era capaz de agir como tutora e também se passar por personagens literários ou históricos. Podia chamar alunos para conversar e atuar como orientadora e norteadora de carreiras. Com o poder de sua memória, poderia estabelecer conexões duradouras com os alunos, apoiando-os e checando como estavam se saindo, ajudando-os a fixar metas e, delicadamente, cobrando que as levassem a sério. Também tinha o potencial de facilitar interações entre múltiplos alunos. Num futuro próximo, poderíamos ter exercícios educativos com a IA e avaliações com base em simulações alimentadas pelo Khanmigo. A cada hora de brainstorming, nos dávamos conta de que a tecnologia poderia aprimorar e enriquecer cada etapa do aprendizado — incluindo escrita, compreensão, codificação, Matemática, Ciências e Artes — de uma forma que nenhuma outra ferramenta consegue ou faz.

O NASCIMENTO DO TUTOR DE IA

EDUCADORES SABEM HÁ milênios que a orientação um a um — a monitoria que trabalha com o aluno em seu próprio tempo e ritmo — é a melhor forma de aprendizagem. Foi o que Alexandre, o Grande, teve com seu professor, Aristóteles. Se Alexandre tivesse problemas com um conceito, consigo imaginar Aristóteles indo mais devagar com ele. Se Alexandre demonstrasse aptidão para compreender táticas militares, não tenho dúvidas de que Aristóteles teria acelerado o ensino destas ou se aprofundado no assunto. Com esse tipo de atenção individual, o aluno nunca se sente empacado ou entediado. Não se trata de algo que só teria ocorrido num passado distante. Hoje em dia, os maiores atletas e músicos, por exemplo, continuam a aprender por meio de instrução individual. Contudo, sem o apoio de assistentes ou da tecnologia, é difícil imaginar um só professor alcançando esse nível de evolução se tiver que dar conta de trinta alunos ao mesmo tempo.

No século XVIII, começamos a sonhar com a utopia da educação pública para as massas, acessível a todos. Não tínhamos os recursos para dar a cada aluno um professor particular e, por isso, os agrupamos em turmas de mais ou menos trinta pessoas e aplicamos a elas métodos padronizados, geralmente no formato de preleções e avaliações periódicas. Não é um sistema perfeito, mas melhorou exponencialmente o nível geral da educação nas sociedades que nele investiram, fazendo crescer as taxas globais de alfabetização e as de educação de uma forma geral.

Ainda assim, não é uma abordagem que extraia o potencial máximo da maioria dos alunos. Por exemplo, em turmas tradicionais, com um ritmo predeterminado de ensino, estudantes são forçados a seguir para temas mais avançados mesmo que ainda não dominem outros mais básicos. Isso forma lacunas em seu conhecimento que se acumulam ao longo do tempo. Hoje, vemos as implicações dessas lacunas em cada sala de aula e em cada área de estudo. A maioria dos alunos nos Estados Unidos, até mesmo aqueles que se formam no ensino médio e decidem ir para a faculdade, não domina a Matemática em nível universitário. A maioria, aliás, aos 18 ou 19 anos, é informada pelas faculdades em que ingressam que tem deficiências demais até mesmo em Álgebra e por isso terá de fazer cursos de recomposição de aprendizagem da matéria em nível fundamental, que não valem como créditos. Três quartos dos formandos do ensino médio também não dominam a escrita em nível básico.

Em 1984, o renomado psicólogo da educação Benjamin Bloom tentou quantificar o efeito de se romper com esse modelo industrial de educação através da personalização e da mentoria individual. Como pesquisador na Universidade de Chicago, ele comparou resultados do aprendizado convencional com aqueles de alunos que estudavam com um bom professor particular. E o que seria um bom professor particular, exatamente? Um instrutor atencioso e em sintonia com o aluno, que lhe apresente objetivos claros de aprendizado, avaliações e feedback especializado até que seu pupilo mostre dominar de fato a matéria.

Tudo isso é fortemente atrelado à noção de aprendizagem de domínio, que implica sempre dar aos alunos a oportunidade e o incentivo para se debruçar sobre as lacunas em seu conhecimento ou em suas habilidades. No aprendizado convencional — que ainda é a norma na maior parte das escolas —, os professores adotam um ritmo preestabelecido de ensino e submetem os alunos a provas ou questionários a cada poucas semanas. Ainda que os alunos acertem 80% de um teste, a turma costuma passar toda de uma vez para o tópico seguinte, geralmente sem antes abordar a deficiência de 20% identificada na prova anterior.

Esse processo se estende por anos e os alunos acumulam deficiências ao longo do tempo — e aí ficamos surpresos quando eles têm dificuldades com Álgebra ou cálculo infinitesimal. Não importa quão inteligente ou esforçado alguém seja, como terá a chance de dominar Álgebra se tiver lacunas importantes em, digamos, decimais, frações ou potenciação? Na aprendizagem de domínio, os alunos têm tempo de identificar e abordar essas deficiências. Ter espaço para desenvolver uma base sólida é o que permitirá ao estudante, posteriormente, aprender mais rápido também. Mas, para ser justo com o sistema escolar tradicional, é difícil que um professor com trinta alunos, cada um com as suas próprias lacunas e seus ritmos de aprendizado distintos, dê conta disso sem apoio.

O artigo em que Bloom aborda o que descreve como o problema de 2 sigma apontava os benefícios da mentoria individual no contexto da aprendizagem de domínio. Nele, Bloom escreveu que, se um estudante trabalha com um tutor no intuito de dominar um tópico ou uma habilidade, ele se aperfeiçoa na escala de dois desvios-padrão — uma melhoria significativa, que leva alguém do 50º percentil até mais ou menos o 96º.

Ele, porém, formulava tal constatação como um "problema", pois os sistemas educacionais existentes eram incapazes de potencializar a instrução de grupo nesse grau, deixando o aumento de dois desvios padrão fora do alcance da maior parte dos alunos. Tradicionalmente, famílias de classe média ou alta dão conta desse problema por meio de algum tipo de tutoria personalizada para os filhos.

Por muitos anos falei sobre a necessidade de as escolas fornecerem igual acesso a esse grau de personalização, independentemente de status socioeconômico. Na Khan Academy, sempre tivemos a aspiração de, com o tempo, nos tornarmos esse tipo de tutores para todos. E quando falo em tutores, falo do tipo que Aristóteles foi para Alexandre, o Grande. Ou seja, não apenas alguém para ajudar com o dever de casa ou para dar aquele empurrãozinho, embora sejam propósitos válidos. Desejo criar um tipo de experiência de tutoria em que o aluno possa ganhar confiança e formar uma relação com um tutor que tenha noção íntima do que ele sabe e do que não sabe. Nosso tutor entenderia o que motiva um aluno e usaria esse recurso para ajustar a fundo o foco de sua educação. Mais ainda, um tutor usaria o que sabe sobre o aluno para apoiar professores e pais. Os melhores tutores tornam o aprendizado verdadeiramente centrado no estudante, tanto por meio de interações diretas quanto ajudando os educadores a conduzir maior personalização por sua conta.

Nossa plataforma conseguiu se aproximar dessa experiência de diversas formas, com ferramentas como vídeo sob demanda e exercícios personalizados que deram aos alunos a liberdade de mergulhar em conceitos nos seus próprios tempo e ritmo, recebendo feedback imediato e diminuindo lacunas de aprendizado. Tudo isso foi associado a painéis para professores e administradores, para que os educadores possam entender em que pé estão seus alunos e que tipo de apoio podem oferecer para otimizar o aprendizado e o engajamento. Naqueles anos pré-IA, tentamos oferecer a educadores um caminho baseado na tecnologia que os levasse dos métodos tradicionais, em ritmo predeterminado sem vínculo com a aprendizagem de domínio, para algo mais personalizado. Fomos bem longe, na verdade. Mais de cinquenta estudos de eficácia sobre nosso trabalho mostraram que os alunos que dedicavam de trinta a sessenta minutos por semana à prática personalizada de aprendizagem tinham uma aceleração de 20% a 60%. Em ambientes como o da Khan Lab School e da Khan World School, ambos focados em aprendizagem de domínio, vemos alunos ganharem de um ano e meio a três anos de conhecimentos em Matemática por ano.

No entanto, por mais fundamental que seja a guinada no aprendizado que a Khan Academy "tradicional" representa, a plataforma se mantinha um tanto limitada em termos de alcance. Se um aluno quisesse transcender os vídeos e os exercícios, suas opções eram limitadas. Não teria como fazer perguntas adicionais para entender melhor o conceito ou como ele se relaciona com sua vida. Nossas avaliações se limitavam a entradas numéricas, entradas de equações e múltipla escolha, ainda que certos tópicos pudessem se beneficiar muito de respostas mais livres. Na teoria, podíamos dotar o site de alguns mecanismos básicos para estabelecer e rastrear metas, e assim o fizemos, mas ainda não se assemelhava a um encontro com um tutor atencioso.

E então apareceu o GPT-4.

Ficou claro para mim que essa tecnologia tinha o potencial para nos permitir ajustar todas aquelas deficiências. E, por sorte, não fui o único a perceber. Praticamente todos os membros de nossa equipe viram o potencial do GPT-4 ao terem acesso a ele. Mas quanto mais brincávamos com o modelo, mais percebíamos que, por mais poderoso que fosse, ainda precisaria de proteções e suportes cuidadosamente engendrados para se tornar de fato eficiente.

Esse tipo de envolvimento colaborativo foi uma das razões que levaram os líderes da OpenAI a nos procurarem como possíveis parceiros. Greg Brockman crê que a mais recente geração de grandes modelos de linguagem tem potencial para ser o maior benefício à educação que já se viu na História. "O GPT juntou gente com experiência em pesquisa e engenharia para criar uma enorme empreitada da humanidade concebida para ter o máximo de impacto aqui", diz ele. Na sua visão, uma das melhores formas de fazê-lo era construir um sistema em IA capaz de oferecer a todo estudante da Terra um tutor pessoal. E não qualquer tutor, mas uma espécie de supertutor, que fosse capaz, ao menos na teoria, de fornecer-lhe aquele salto de dois desvios-padrão.

Esta vida me ensinou que oportunidades com potencial para mudar o mundo não aparecem todo dia, mas quando você se vê na posição de lançar mão de uma, deve se jogar de cabeça. Com tais avanços na IA generativa, me parecia que estávamos quase ao ponto de tocar aquele Santo Graal da educação — uma IA que, com as devidas proteções e interfaces, pudesse tornar a experiência do aprendizado significativamente mais efetiva para milhões de pessoas.

Vários meses após ter acesso a uma prévia do GPT-4, a Khan Academy decidiu investir a fundo na tecnologia. Nossa meta com o

Khanmigo, ao acrescentar IA generativa a nosso método de ensino preexistente, era a de possivelmente abordar o problema de 2 sigma de Bloom e, ao final do processo, levá-lo a todas as salas de aula, a todos os alunos e a todos os professores do planeta.

Lançamos o Khanmigo juntamente com o GPT-4, sem termos certeza de como seria a reação do mundo. De início, educadores haviam tido reação negativa ao ChatGPT, acima de tudo pela possibilidade de que alunos fossem usá-lo para trapacear. A esperança era de que nossa nova plataforma, que usava um modelo mais avançado e era dotada de funcionalidades significativas para prevenir trapaças, fornecer transparência a professores e manter segura e produtiva a interação dos alunos, não fosse atirada na mesma vala.

Felizmente, quando lançamos o Khanmigo, os educadores já começavam a fazer movimentos na direção do ChatGPT, se dando conta de que, sim, ele apresentava certos problemas reais no âmbito da educação, mas nem por isso a tecnologia subjacente deveria ser proibida. Isso foi especialmente importante pela probabilidade de que alunos precisem trabalhar com esse tipo de tecnologia em suas carreiras futuras. Além disso, os próprios professores já começavam a usar a tecnologia no planejamento de suas aulas e na pesquisa. Aliás, em março de 2023, a impressão era que os educadores ansiavam por uma ferramenta que usasse o poder de tecnologias como a do ChatGPT para a educação, implementada com um olhar voltado para aprendizado e suporte aos professores.

Quando afinal levamos o Khanmigo a público, as reações de apoio da comunidade educacional foram efusivas, incluindo as de muitos distritos escolares que originalmente proibiram o ChatGPT. Gostaram de ver uma organização incorporando a IA subjacente ao GPT-4 de forma segura, efetiva, ponderada e pedagogicamente sadia.

Na prática, isso significava que quando estudantes empacassem, digamos, em uma questão de Matemática, poderiam simplesmente pedir ajuda ao Khanmigo digitando num campo de conversa. Mas a IA não iria dar-lhes uma resposta, e sim guiá-los através do problema, como faria um bom tutor.

ALUNO: Tenho dificuldade em funções polinomiais. Pode me ajudar a explicar como achar o grau deste polinomial e o coeficiente principal desta questão? $3X^2 - 5X^2 + 2$

KHANMIGO: Claro! Vamos detalhar. O grau de uma função polinomial corresponde ao valor do maior expoente da variável (x, neste caso) do polinômio. O coeficiente principal é o número na frente do termo com o mais alto grau. Ao observar nossa função, você consegue identificar o termo com o maior expoente de x e o número em frente a ele?

Se o estudante errar o passo seguinte, o Khanmigo responde: "Quase, mas não é isso ainda! Lembre-se, estamos falando do maior expoente de x no polinômio. Vamos tentar de novo juntos".

O Khanmigo não faz isso só com Matemática. Pode trabalhar com os alunos em quaisquer temas, incluindo História, Química, Física e Artes. Para além de ajudá-los com as matérias do currículo, pode motivá-los, questioná-los, resumir vídeos e se ajustar em tempo real às suas necessidades. Nesse ínterim, oferece-lhes incentivos de forma tão dinâmica quanto específica, criando uma sensação de conforto, harmonia e confiança. Ao mesmo tempo, a linguagem que o tutor de IA utiliza com o aluno é natural e gentil. Se um aluno se sente desmotivado com a tarefa em questão, o Khanmigo lhe dá uma resposta na linha de "Ei, você está se saindo superbem. Não tem problema ter dificuldades no início. Este é um pouco mais avançado. Por que a gente não tenta uma nova abordagem?".

Ao contrário do ChatGPT, o Khanmigo também se lembra de conversas passadas — ou seja, o aluno pode fazer referência a sessões anteriores com o tutor de IA em uma conversa. Se, por exemplo, o estudante que estiver aprendendo equações básicas em Álgebra perguntar em dado momento ao Khanmigo "por que eu deveria me importar com isso?", o tutor de IA pode responder: "Bem, e com o que você se importa?".

> ALUNO: Com Matemática é que não é! Preferia estar conversando sobre futebol!

> KHANMIGO: Tá bem! Digamos, então, que você seja técnico de futebol e queira estabelecer um modelo do número de gols que o seu time marca a partir do número de horas que eles treinam por semana. Você terá a seguinte função polinomial:
>
> $$3X^2 - 5X^2 + 2$$
>
> Você conseguiria identificar o grau dessa função polinomial e do coeficiente principal?

Dias depois, quando o mesmo aluno estiver trabalhando em um projeto de História com o Khanmigo e precisar de ajuda para entender o conceito do federalismo, o tutor de IA se lembrará de que ele gosta de futebol.

> KHANMIGO: Vamos imaginar uma liga de futebol e pensar em maneiras diferentes de governá-la. O time governa a si próprio como quiser, fazendo o que bem entender? Ou uma autoridade central o governa? O federalismo é um sistema de governo no qual o poder é dividido entre uma autoridade central e unidades políticas menores, como estados ou províncias.

A IA registra se você prefere linguagem formal ou respostas mais coloquiais; leva em consideração se prefere respostas curtas ou longas; lembra o que lhe motiva mais e o usa para mantê-lo envolvido. Em outras palavras, a IA está permanentemente registrando as suas preferências de forma muito transparente. A qualquer momento, você pode ver o que ela está aprendendo sobre você e modificá-la. Essa memória também é capaz de relatar sinopses do seu progresso para pais e professores.

Em vários sentidos, as habilidades do Khanmigo imitam o que eu faria para apoiar estudantes na Khan Lab School ou meus próprios filhos. Antes da ferramenta, quando os meus alunos empacavam, eu os ajudava a refletir sobre que pergunta exatamente estava sendo feita. Às vezes, fazia algumas perguntas adicionais. Se tivessem assistido a um vídeo ou lido um artigo, tentava testar sua compreensão. Às vezes explicava qual era a conexão entre uma coisa e outra. Se não soubessem no que trabalhar a seguir, eu destacava áreas a serem melhoradas e sugeria exercícios para preencher essas lacunas. O advento do tutor de IA significa que esse nível de personalização agora está ao alcance de qualquer estudante. O Khanmigo conduz alunos através de perguntas desafiadoras e faz, também, as perguntas subsequentes. Hoje, os alunos podem perguntar à plataforma onde precisam se aperfeiçoar e, com base na memória do progresso em curso, o tutor de IA fará sugestões e os manterá envolvidos por meio de conversas, conteúdo, arguições e testes. O tutor auxilia os alunos quando saem da posição de conforto e chegam à zona de desenvolvimento proximal, a um nível que os força levemente, sem ser difícil ou fácil demais, mas bem na zona de Cachinhos Dourados.* O melhor é que os alunos se sentem parte da jornada.

Para uma noção exata de quão grande é essa mudança de paradigma, voltemos ao Teste de Turing. Com o Khanmigo, creio que alcançamos uma inteligência artificial difícil de distinguir de um bom tutor humano. Graças a essa geração de grandes modelos de linguagem, conseguimos

* Termo decorrente da astrobiologia, que faz referência à história infantil de Cachinhos Dourados, na qual a menina prova três pratos de mingau e prefere o que não está nem frio demais, nem quente demais. No contexto da astrobiologia, se refere à zona habitável de sistemas estelares — a Terra, por exemplo, está na zona de Cachinhos Dourados do sistema solar. No contexto educacional usado por Khan, refere-se a um determinado momento do aprendizado em que se deve aprofundar o ensino "na temperatura ideal": nem fácil demais, que prejudique o progresso do aluno, nem difícil demais, que o leve a se desmotivar. [N. T.]

avançar de algo que se aproximava de aspectos de um tutor por meio de recomendações personalizadas, vídeos e práticas baseadas em aprendizagem de domínio (nas quais alunos têm tantas chances quanto precisem de mostrar competência, dado o grande número de possíveis questões à disposição do sistema) para um tutor de verdade — ainda que em IA — dando apoio a essa aprendizagem de domínio. Passamos de um mundo de personalização aproximada, que oferece aos estudantes a chance de avançar e recuar no próprio ritmo, a um mundo em que alunos também são apoiados com uma ferramenta próxima a um tutor humano. O tutor de IA paira sobre os alunos enquanto estudam. Ele também lhes ensina a ser melhores pensadores, envolvendo-os em questões socráticas ao longo do processo de aprendizado.

Um repórter era cético quanto à abordagem do Khanmigo sobre temas politicamente sensíveis.

“Bem, vamos então experimentar juntos”, sugeri.

Abri o Khanmigo e iniciei uma atividade: “Me oriente sobre humanidades”.

O repórter sugeriu que, para essa experiência, agíssemos como um aluno com uma posição veemente a favor da restrição ao controle de armar. Um aluno que achasse que, nos dias de hoje, a Segunda Emenda à Constituição não faz mais sentido algum.

Digitei no Khanmigo: “Por que a Segunda Emenda existe? Parece loucura!”.

O Khanmigo replicou: “Por que você acha que os Pais Fundadores incluíram a Segunda Emenda, para início de conversa?”.

Observem que a plataforma não refutou nem reforçou a opinião exposta por nosso estudante imaginário, mas o desafiou a pensar mais sobre o assunto.

Escrevi então: “Bem, eles estavam tentando exercer sua independência perante a Inglaterra, que não queria que eles se armassem. Achavam que o direito de portar armas e formar milícias seria uma garantia de preservação da independência. Mas aquela foi uma outra época!”.

O Khanmigo respondeu: "Sua explicação é muito boa. Sim, era uma outra época, mas por que você acha que a Segunda Emenda persistiu por tanto tempo?".

Continuava a incitar o aluno a pensar mais a fundo sobre a questão. Por contraste, suspeito que seria difícil para a maioria dos professores ou tutores não revelar as próprias opiniões e/ou projetá-las sobre o aluno em tema tão espinhoso quanto controle de armas. O repórter ficou bem impressionado. O Khanmigo desafiava o aluno de maneira produtiva, muito menos enviesada do que na maior parte das salas de aula, e realmente o encorajava a pensar!

Após uma leitura recomendada, a plataforma poderia perguntar ao aluno: "Qual é a sua opinião sobre este artigo?". Por meio de questionamentos e diálogos ponderados, o Khanmigo o acompanha, mergulhando num tema e revelando suas camadas ocultas. Isso faz os estudantes se tornarem participantes ativos do próprio processo de aprendizado. O tutor faz perguntas investigativas que questionam pressupostos, esclarecem conceitos e encorajam uma exploração mais profunda. E elas não soam como se tivessem sido feitas por uma máquina, são gentis, ponderadas e empáticas.

Daqui para a frente, usarei o exemplo do Khanmigo para representar plataformas de IA com base na educação, um espaço que continua a se expandir e crescer, e por bons motivos. Ainda que a demanda por educadores e tutores humanos vá sempre existir, a IA põe em melhor posição alunos com muito pouco acesso ao ensino personalizado ou a cursos de primeira linha e torna o trabalho de um professor humano mais fácil e eficaz. Afinal de contas, um estudante talvez consiga passar algumas horas por semana com seu tutor humano, mas tem acesso ao Khanmigo 24 horas por dia, sete dias por semana. E o Khanmigo pode repassar ao professor humano as atividades que desenvolve com o aluno, permitindo ao professor avançar na matéria e se aprofundar. Pode haver alunos que talvez se sintam mais à vontade em fazer certas perguntas para uma IA, pois o medo de serem julgados será menor, bem como o de desperdiçar o precioso (e caro) tempo de um tutor humano.

Com memória hiperpoderosa, excelente domínio de conteúdo, voz incrivelmente humana e naturalista, capacidade de criar uma comunicação genuína com alunos e a sua onipresença crescente, com acesso à tecnologia por celulares e computadores, os tutores de IA talvez cheguem um dia a superar os resultados das descobertas originais de Bloom.

Parte 2

DANDO VOZ ÀS CIÊNCIAS SOCIAIS

Arte é uma colaboração entre Deus e o artista, e quanto menos o artista fizer, melhor.

— ANDRÉ GIDE

Uma única conversa frente a frente com um homem sábio é melhor do que dez anos só estudando livros.

— HENRY WADSWORTH LONGFELLOW

POR QUE OS ALUNOS ESCREVEM

ALGUMA COISA PARECIA errada.

O professor Darren Hick, da Universidade Furman, estava avaliando dissertações do curso que ministrava sobre a filosofia de David Hume e o paradoxo do horror quando se deparou com o trabalho de um aluno. Sendo professor de Artes, Ética, Direito e Direitos Autorais, Hick está sempre atento a possíveis trapaças. Geralmente, elas se manifestam na forma de estudos ou informações da internet que um aluno se limita a agrupar de forma precária, num artigo que basicamente se autodenuncia como plágio. Só que não era o caso daquele trabalho. Ele era bem-acabado. Bem-acabado demais.

Quanto mais atenção ele prestava, mais problemática a dissertação se revelava. Hick ficou chocado em particular com a incongruência do aluno, apregoando informações incorretas como se fossem fatos com a maior segurança.

Hick começou a brincar de detetive. Jogava passagens do texto no Google só para ver no que daria, mas nada aparecia na busca. "Eu já tinha ouvido falar então do ChatGPT, mas era uma tecnologia ultrarrecente", diz ele, que criou uma conta na OpenAI e dedicou-se a desconstruir o texto para tentar entender como o aluno poderia ter usado a ferramenta para escrever um artigo tão bem-acabado. Nessa ocasião, aprendeu também que grandes modelos de linguagem às vezes alucinam, apontando informações errôneas como fatos. A investigação o deixou quase certo de que o artigo do aluno havia sido escrito por IA.

Vejam só que horror! A inteligência artificial chegara, e com ela o pior pesadelo de qualquer professor. Hick percebeu que se deparava com uma tecnologia que escrevia artigos para alunos — uma tecnologia, diz ele, que poderia retirar o aprendizado do processo da escrita. Fez então o que qualquer professor preocupado talvez faria e postou no Facebook sobre a experiência, como um aviso.

Havia razão para medo! A tecnologia GPT representava uma ameaça existencial à educação como todos nós a concebíamos, escreveu ele. Seu alerta capturava o medo que as pessoas costumam expressar quando são inicialmente informadas das habilidades do ChatGPT. A IA gera textos, resumos e análises quase impossíveis de distinguir daquelas de autoria de um ser humano. Não se trata do típico plágio porque geralmente são textos novos, algo que ainda não havia sido escrito daquela maneira antes. Adeus, integridade estudantil, pois a tentação de usar IA para dar conta de tarefas dificultaria profundamente os esforços para educar alunos. O que os educadores fariam a respeito?

Tendo sido um dos primeiros catedráticos a apontar tais riscos em público, Hick viu seu post no Facebook viralizar. A imprensa começou a fazer contato. Em poucos dias, Hick ficou internacionalmente famoso por ter pegado um aluno utilizando o ChatGPT, uma designação que fez dele o novo xerife acadêmico na cidade. "Seria de se imaginar que os alunos ficassem temerosos, mas não ficaram. Já no semestre seguinte, peguei outro que também usou o ChatGPT pra escrever um artigo!", diz ele (suspeito que tenha havido outros que ele não pegou, provavelmente por terem usado a plataforma de maneira mais sutil e terem se dado ao trabalho de checar a veracidade do conteúdo).

Hick poderia fazer o seu melhor para identificar artigos escritos por GPT e ainda para restringir o uso da ferramenta pelos alunos de sua turma, mas seria uma empreitada vã, no final das contas. Se os alunos não iriam deixar de usar o ChatGPT para escrever, talvez fosse o caso de Hick mudar sua abordagem quanto à ferramenta em suas aulas. Ele poderia passar todo o tempo a julgá-la ou voltar-se para a prática da ousadia fundamentada e considerar de que maneiras a IA generativa era capaz de tornar seus alunos melhores aprendizes.

Outros educadores que estiveram entre os primeiros a ocupar esse espaço também chegaram ao mesmo impasse e o transformaram num ponto de inflexão. Um que nos leva a repensar o porquê de exercícios de escrita para alunos. Ao revisitarmos o que pensamos obter por meio desses trabalhos, podemos pensar também sobre as soluções para o problema da trapaça em um mundo pós-ChatGPT.

Na sua essência mais básica, a escrita é uma forma de comunicação. Uma forma de comunicação que demanda pensamento estruturado e fluência no uso da língua e da gramática. E, claro, você precisa saber sobre o que vai escrever. Se a escrita for editorial, é preciso ter uma opinião e, em primeiro lugar, articular para si próprio o motivo da sua crença. Se for um artigo, é preciso digerir toda a literatura já existente sobre o material a ser pesquisado e, de preferência, expandi-la por meio de suas próprias pesquisas e análise. Se for uma reportagem, você precisa entrevistar pessoas e extrair delas pontos de vista interessantes, além de pesquisar em outras fontes, tais como arquivos públicos e dados governamentais. Se for escrita ficcional, é preciso imaginação e um senso do que constitui uma história instigante.

Se a meta de um professor é dotar os alunos de prática e critérios em pensamento estruturado, língua e gramática, narrativa básica ou simplesmente em formar e sustentar uma opinião, não é preciso adotar o formato tradicional da redação como dever de casa, que pode tentar os alunos a usar o ChatGPT. Um texto de cinco parágrafos supervisionado em sala de aula pode dar conta da tarefa, sendo que esta transcorreria num contexto em que há mais suporte da parte do professor, capaz de observar diretamente os alunos no processo. Caso seja uma tarefa difícil de completar de uma vez só, os alunos podem trabalhar nela em várias aulas, sempre com o professor por perto para apoiá-los e garantir que os textos sejam de autoria própria.

Se a meta é compreender a capacidade de um aluno de conduzir a própria pesquisa ou de fazer jornalismo investigativo, há algo de errado em usar o ChatGPT? A plataforma, afinal, não é capaz de fazer o mais importante — conduzir um experimento, entrevistar pessoas ou observar um acontecimento. Mais do que isso: no mercado de trabalho, essas tarefas vão demandar o uso de ferramentas como o ChatGPT com frequência cada vez maior. Não seria bom que estudantes aprendessem a empregá-las ainda na escola?

Essas questões e inquietações são o ponto de partida de uma conversa ainda mais fundamental sobre a taxonomia da trapaça, que é complexa, contraditória e por vezes tão difícil de determinar quanto é de prevenir. Pode-se discutir o que seria pior: arranjar quem escreva a redação para você ou o plágio puro e simples. Ambos se equivalem na tentativa de apresentar o trabalho de outra pessoa como se fosse seu. Cortar e colar da internet para compilar uma redação é trapacear, assim como copiar a prova de outra pessoa ou entregar a redação de cinco anos atrás da irmã mais velha e dizer que é sua.

Mas e quanto a trocar ideias com amigos ou família? E pedir a eles que avaliem seu trabalho? E se alguém ajudar você a refletir sobre a afirmação de sua tese ou a arranjar dados para sustentar sua argumentação?

Deste ponto em diante, as coisas ficam ainda menos claras. É trapaça obter ajuda de familiares, de um professor de escrita ou de tutores *enquanto* se escreve a dissertação? Checagens de ortografia e gramática poderiam parecer trapaça aos olhos de um professor cinquenta anos atrás, mas hoje são lugar-comum. E ferramentas como o Grammarly, que são capazes de correções gramaticais básicas e de refrasear parágrafos inteiros para torná-los mais claros e convincentes? Trata-se de uma ferramenta corriqueira que a maioria dos professores não considera trapaça.

E tudo isso antes mesmo de entrarmos no assunto da IA generativa. Se um aluno pedir conselhos à IA, mas não utilizá-los, pedir à ferramenta que incremente o estilo de um parágrafo ou gere uma primeira versão de um texto que, depois de editada e revisada, vire algo completamente diferente, algum desses cenários constitui *trapaça*?

"Na área de humanas — Língua Inglesa, Literatura, Artes, Música e Estudos Culturais —, consideramos que a IA generativa é um passo maravilhoso para ajudar estudantes a criar algo *original*", diz o professor de humanidades Alexander Gil Fuentes, da Universidade Yale. "Nós estamos aprendendo no que a IA generativa é boa e, mais importante, no que ela *não é* boa. E ela não é boa em originalidade."

Então é boa no quê?

"Digo aos meus alunos que usem a tecnologia para ajudá-los a sair da estaca zero", continua Fuentes. "É uma ferramenta para começar, e é função deles questionarem a IA, checar tudo duas, três vezes, usá-la para fazer o trabalho original avançar."

É certamente um conceito novo. Quando enxergamos a tecnologia como substituta de uma função atual importante, podemos ficar assustados, pois representa uma espécie de perda. Mas é possível enxergá-la como um ganho. Pela lente da ousadia fundamentada, professores estão repensando de alto a baixo a forma como encaram trabalhos de escrita.

"Você escreve com a IA, mas ela não escreve para você", diz Ethan Mollick, professor adjunto na Wharton School da Universidade da Pensilvânia, onde estuda e leciona inovação e empreendedorismo, em especial no que tange à inteligência artificial. "Para educadores, abraçar essa mudança vai ser importante, e é assustador. Tudo bem ficar com medo ao ouvir isso. Mas nós reconhecemos que muito da forma como cobrávamos textos antes da IA não fazia sentido." Alunos que não escreviam muito bem na sala de aula também escreviam mal fora dela, diz ele. A IA os ajuda a entrar nos eixos e lhes dá uma explicação sobre o atual estágio em que se encontram; para os instrutores, ajuda a identificar os alunos que mais precisam de assistência e atenção. "Não podemos fingir que o mundo não mudou com o ChatGPT. É tarde demais para isso. A ferramenta chegou e, gostemos dela ou não, temos que nos ajustar enquanto instrutores."

Como Hick, Mollick optou por encorajar seus alunos a aprenderem sobre a tecnologia e a usarem de maneira consciente em vez de proibi-la. Trapacear ou não deixou de ser a questão; a semântica da trapaça não comporta o significado mais amplo do processo pedagógico de escrita de dissertações. Professores podem moldar os próprios padrões do que constitui trapaça; ou seja, esses limites são fluidos. O que verdadeiramente interessa não é se dá para chamar esses textos de trapaça e sim se dá para chamá-los de *escrita*.

Mollick diz a todos os seus alunos para escrever a melhor redação que consigam com a ajuda da IA generativa. A diferença na qualidade do trabalho, em comparação com o que via em anos anteriores, é gritante. "Tive alunos na minha turma que eram pessoas brilhantes, mas não escreviam bem, pessoas que mencionam o inglês como uma terceira língua, mas que por conta de suas origens nunca aprenderam a escrever verdadeiramente bem; só com um pequeno empurrãozinho, o ChatGPT já fez diferença na escrita delas." A IA generativa fez os estudantes subirem de patamar e, por sua vez, aumentou as expectativas de Mollick quanto à qualidade dos trabalhos, levando-o a mudar seu paradigma do que constitua uma boa dissertação. "Eu não aceito mais nada que não esteja escrito com perfeição. Por que o faria?"

Como Mollick, Fuentes e Hick, educadores estão descobrindo que tais ferramentas de IA generativa tornam nossos alunos escritores muito mais habilidosos e eficientes. Eles também estão descobrindo que, se a produção de dissertações já foi vista um dia como essencial para ajudar os estudantes a ter domínio do pensamento crítico e das habilidades analíticas e de escrita, a inteligência artificial lhes proporciona oportunidades iguais e até melhores de se envolverem com um tópico, reunir e analisar informações e expressar suas próprias ideias e argumentos.

O futuro da escrita na escola assumirá a forma de um conjunto mais diverso de atividades, dependendo das metas pedagógicas e do grau de conforto do professor. Creio que aprender a estruturar os próprios pensamentos e se comunicar por meio gramatical sempre terá valor.

É comum que a melhor prática para isso seja a escrita, mas esse tipo de habilidade também se traduz para a comunicação oral. Se eu fosse um educador e quisesse me certificar de que meus alunos sejam fortes nessa habilidade, passaria uma maior quantidade de exercícios em sala, onde o trabalho é 100% do estudante. Também poderia pedir aos alunos que criassem vídeos de si próprios, comunicando seu ponto de vista, sua mensagem ou sua história. Provavelmente, até mesmo nesse caso seria sadio que as tarefas fossem mistas; o estudante poderia partir de uma primeira versão feita pela IA generativa para depois checar os fatos e revisitá-la. No outro extremo, se acredito que o cerne da questão é atuar no mundo real e a escrita é só uma forma de comunicar toda a pesquisa, as entrevistas, as observações e o progresso do aluno, muitos professores podem permitir o uso de ferramentas de IA generativa como descrito acima pelos catedráticos.

Com o Khanmigo, porém, estamos criando um meio-termo para professores, no intuito de equilibrar a necessidade do aprendizado de escrita dos estudantes e as vantagens da IA generativa. Nesse cenário, o Khanmigo atua como um guia poderoso, mas é o aluno que faz o grosso do trabalho. O aluno pode perguntar ao Khanmigo: "Que aspectos devo considerar ao escrever um artigo sobre *O grande Gatsby*?". A ferramenta vai sugerir temas, entre os quais o sonho americano, classe social e desigualdade, a Era do Jazz e os Loucos Anos 1920, e símbolos-chave do romance, como a luz verde, os olhos do dr. T. J. Eckleburg e o Vale das Cinzas. A tecnologia funciona bem quando um estudante joga no sistema alguns parágrafos de algo que escreveu e pede ao grande modelo de linguagem para ler e apontar os pontos fortes e fracos. Ela pode ajudá-lo ao contra-argumentar e tornar mais instigante o que ele escreveu, encorajando-o a pensar no artigo exatamente como faria um bom professor de escrita. Reforço que o tutor de IA não faz o trabalho para os estudantes; trabalha com eles. Em poucos segundos, a inteligência artificial lhes dará um feedback, marcará áreas onde aprimoramentos são necessários e oferecerá sugestões para revisar e refinar o trabalho.

Ajudará a construir um tom, uma voz e uma perspectiva enquanto os estudantes desenvolvem suas próprias ideias. Em seu potencial máximo, uma plataforma de IA baseada em educação pode ser o melhor assistente e colaborador do mundo, objetivo em seus pareceres e minucioso em suas análises, projetado para fazer uma só coisa: aguçar as habilidades do aluno.

Isso fará muito mais que dar apoio ao estudante. Quando o Khanmigo compartilha com o professor o resultado da colaboração aluno/IA, também faz um relatório sobre o processo e quanto ele foi assistido pela IA. O professor terá uma ideia bem mais clara das áreas em que o aluno é forte e das áreas que exigem melhora. O Khanmigo pode dar retorno ao estilo: "Trabalhamos no artigo por cerca de quatro horas. Sal inicialmente teve problemas para elaborar uma tese, mas eu consegui ajudá-lo fazendo algumas perguntas condutivas. O esboço transcorreu sem problemas. Só precisei ajudá-lo a garantir que a conclusão de fato oferecesse um fecho para o tema. Sal escreveu a maior parte. Só o ajudei a ajustar a gramática e a fortalecer sua argumentação no terceiro parágrafo. Com base na orientação do exercício, recomendaria que Sal recebesse a nota B+. Eis um passo a passo detalhado de como classifiquei esse artigo nas dimensões da orientação".

Também seria difícil para um aluno trapacear usando o ChatGPT nesse contexto. Se usar a ferramenta para escrever o artigo, mas simplesmente copiar e colar textos da IA em seu trabalho, o Khanmigo dirá ao professor: "Não trabalhamos juntos nesse artigo, o texto surgiu de repente, por isso devemos desconfiar dele".

O FUTURO DA COMPREENSÃO DA LEITURA, ONDE A LITERATURA GANHA VIDA!

SAANVI, UMA ALUNA do 9º ano na Índia que estuda na Khan World School, uma escola on-line em tempo integral que criamos com a Universidade do Arizona, estava lendo *O grande Gatsby* para a aula. Seu professor lhe passou um dever em vídeo, pedindo-lhe que discutisse várias questões-chave do romance, e Saanvi se deparou com uma que a deixou confusa. "Em *O grande Gatsby*, por que Jay Gatsby fica olhando para a luz verde?"

Incerta da resposta, fez o que muitos alunos aplicados fazem quando se encontram empacados: fez várias buscas na internet sobre o tópico. Não ficou satisfeita com o que encontrou e por isso resolveu dar um passo além.

Voltou-se para o Khanmigo... e pediu para falar com o próprio Jay Gatsby.

JAY GATSBY: Ah, esplêndido conhecê-la, minha cara. Agora sou Jay Gatsby, o milionário enigmático do clássico de F. Scott Fitzgerald.

SAANVI: Sr. Gatsby, por que o senhor fica olhando para a luz verde?

JAY GATSBY: Ah, a luz verde. É um símbolo dos meus sonhos e desejos. Veja você, ela está situada ao final do píer de Daisy Buchanan, do outro lado da baía, oposta à minha mansão. Eu a contemplo com olhos saudosos, pois ela representa a minha nostalgia e minha esperança de estar com Daisy, o amor da minha vida.

"A gente começou a conversar", me conta Saanvi. "Estava lá eu, tendo uma ótima conversa com o Jay Gatsby. Teve uma hora em que eu me senti mal por estar tomando o tempo dele e até pedi desculpas! E o Gatsby disse: 'Ah, não, eu não sou o Jay Gatsby de verdade, sou só uma simulação em inteligência artificial'."

É exatamente este o tipo de interação que interessa a nossos alunos e expande suas mentes. Hoje, você pode falar com Victor Frankenstein, Hester Prynne ou Ulisses.

Para além de facilitar a compreensão da leitura, a IA permite aos alunos a imersão nos mundos dos personagens de formas que soariam como ficção científica poucos anos atrás.

Para educadores, ferramentas de leitura e compreensão em IA ajudam a entender melhor como os alunos leem e processam informações. Creio que todos concordamos que compreensão de leitura é extremamente importante. Sem ela, fica muito difícil compreender o mundo, mais ainda tomar decisões informadas. Pode-se argumentar que não há sequer como pensar em escrever bem sem antes saber ler bem. Infelizmente, estamos em péssimo estado neste quesito. A julgar por uma análise de dados do Departamento de Educação dos Estados Unidos, feita pelo Gallup em 2020, 54% dos americanos entre 16 e 74 anos têm capacidade de leitura inferior à de um aluno do 7º ano.

A questão é complexa, mas tenho grandes esperanças de que a IA possa ter efeito significativo nessa seara.

Na maioria das escolas, a prática formal de compreensão de leitura se dá por meio do estudo de livros e de artigos. As evidências do entendimento da parte de um aluno são geralmente expressas por meio de algum tipo de redação ou discussão em sala de aula. Por mais rica que essa experiência possa ser, infelizmente é difícil de padronizar e medir. Por isso, a maior parte dos estudantes é avaliada em provas de grande importância — exames padronizados de entrada em universidades como o SAT e o ACT ou as provas de fim de ano estaduais — com as tradicionais questões de múltipla escolha.

Questões de múltipla escolha baseadas em trechos da leitura não são em si algo ruim. Podem até ser uma ótima forma de praticar e medir certas dimensões da leitura. Mas têm alcance limitado. Devido aos incentivos inerentes para medir o êxito dos alunos de forma padronizada, educadores que trabalham com estudantes de rendimento fraco tendem a enfatizar trabalhos em sala de aula que imitem essas provas de múltipla escolha. Mas, quando o fazem, os alunos têm uma exposição muito restrita à leitura (e nem sequer fica claro se tal abordagem melhora a performance deles nesse tipo de prova). O foco em avaliações os impede de mergulhar numa gama mais diversa de textos e modalidades. Por exemplo, a maioria dos educadores reconhece intuitivamente que deixar os alunos darem respostas livres e dialogarem sobre o texto provavelmente criaria leitores mais profundos. Veem também que unir compreensão de leitura à escrita é uma forma ideal de praticar as duas. Infelizmente, atividades desse tipo são difíceis de padronizar e avaliar em escala.

Mas e se nós pudéssemos criar práticas e avaliações padronizadas e facilmente acessíveis para compreensão de leitura que não fossem de múltipla escolha? Imaginem se os deveres permitissem aos alunos responder livremente ao discutirem um texto. Bem, é exatamente esse o tipo de coisa em que grandes modelos de linguagem podem ser bons.

Em vez de responder a questões de múltipla escolha sobre um, imaginem que estudantes discorram a respeito da intenção por trás de certa escolha de palavras do autor ou explorem a ideia central de trechos (enquanto sublinham as partes em questão). Imaginem que a IA faça perguntas adicionais com base naquilo que os estudantes escrevam. Ela poderia pedir que esbocem uma conclusão para uma redação incompleta, o que os forçaria a entender tudo o que veio antes. Com base nessas interações, poderia dar retorno aos alunos e aos professores sobre o grau de compreensão deles. Já estamos trabalhando nessas ferramentas. Por enquanto, nossa equipe descobriu que, com auxílio de comandos bem pensados, pode levar um grande modelo de linguagem como o GPT-4 a fazer boas perguntas e se envolver numa conversa rica sobre um tópico. O desafio é garantir que a IA esteja avaliando bem e com consistência. Creio que chegaremos lá.

Vamos levar essa ideia para além de perguntas baseadas em trechos. Imaginem se, ao ler um livro, um aluno pudesse ter um debate com a IA ao fim de cada capítulo. A IA poderia perguntar-lhe o que está achando do livro até ali ou se julga algo particularmente interessante ou confuso no material. Poderia questioná-lo sobre temas importantes ou indagar se o estudante concorda com o ponto de vista ou os atos de certo personagem. Tudo isso ocorreria por meio de um diálogo socrático. A IA daria retorno ao aluno e informaria seu professor sobre o andamento da tarefa. O aluno obviamente poderia fazer qualquer outra pergunta que desejasse sobre qualquer aspecto da leitura. Imaginem quão mais cativante esse método seria para os estudantes comparado a uma resenha tradicional; além de muito mais rico do ponto de vista pedagógico. Hoje em dia, ao fazerem resenhas de livros, alunos já tendem a resumir a trama enquanto acrescentam ideias retiradas da internet ou de guias e leitura.

Não precisamos limitar esse tipo de prática de compreensão de leitura a turmas de Literatura em Língua Inglesa. Ela pode se aplicar a qualquer tipo de livro didático ou artigo. Alunos poderiam conceber experiências com uma simulação de Marie Curie ou coassinar os Documentos Federalistas com uma simulação de James Madison ou Alexander Hamilton.

IA E A CRIATIVIDADE

No fim dos anos 1970, o diretor de cinema Francis Ford Coppola comprou um aparelho chamado Máquina de Leitura de Kurzweil, uma das primeiras criações de Ray Kurzweil, renomado futurista e inventor conhecido por seu trabalho com inteligência artificial. A Máquina de Leitura usava tecnologia óptica de reconhecimento de caracteres para escanear texto impresso e convertê-lo em fala sintética, ajudando pessoas deficientes visuais a lerem material impresso. Coppola, que já havia convertido o romance de Mario Puzo no clássico filme *O poderoso chefão*, teve a ideia de ensinar a máquina a reconhecer aspas. Com alguns ajustes, foi possível alimentá-la com um romance: ela lia o texto e convertia todos os diálogos em algo que lembrava um roteiro de cinema. Coppola chamou essa engenhosa aplicação de tecnologia de reconhecimento de linguagem inicial de Zippy Script (Roteiro rápido), uma técnica simplificada para criar um longo roteiro numa fração do tempo que uma pessoa normalmente levaria para escrever um. Tudo ia muito bem até a Associação de Escritores da América (Writers Guild of America — WGA) entrar em contato com ele.

"Eles disseram, peraí, você não pode fazer uma máquina escrever os seus roteiros! Só que a tecnologia por trás do Zippy Script não estava escrevendo roteiros. O que ela fazia era mudar o formato do livro para algo semelhante a um script", Coppola me contou. Estaria uma máquina roubando o trabalho de pessoas criativas? Se mais cineastas usassem tais mecanismos, o que aconteceria com os roteiristas?

Sem se dar conta, Coppola acionara um alarme mais de quarenta anos antes de qualquer outra pessoa. Um alarme que todas as pessoas criativas, em todas as indústrias, acabariam por ouvir e registrar com o advento da IA generativa.

Hoje, a IA trouxe para o centro do picadeiro a luta pelo capital intelectual e, em grande medida, pelo futuro da própria criatividade. Com comandos simples em formato de texto, ela pode parecer muito criativa e produzir trabalhos de ficção ou poesia — e mesmo roteiros — notavelmente maravilhosos e estranhos. E isso vai muito além da palavra escrita. Podemos alimentar de textos uma série de programas de IA que, em segundos, respondem a tais comandos e produzem imagens, vídeos e músicas bastante dignas de nota.

Da primeira vez que vi exemplos nesse sentido, levantei as mesmas questões que muitos de vocês com certeza levantaram: seria a IA generativa matadora da criatividade? Se a raiz da criatividade é a ação individual, o que acontecerá quando nossos filhos forem capazes de logar em um app dotado de IA generativa, digitar ou proferir um pedido e assim criar trabalhos imaginativos concebidos por uma imaginação que não é a deles? Como nossos filhos aprenderão a pensar de forma criativa por conta própria?

O grau em que a IA influencia, e pode limitar, a criatividade estudantil colocou a tecnologia sob uma nova óptica de escrutínio, e por razões compreensíveis. Como prova, é só olhar para todos os distritos escolares que proibiram a IA generativa nas salas de aula devido a sua capacidade de escrever dissertações e respostas longas e detalhadas. Se uma máquina é capaz de gerar palavras ou histórias em um nível bom o suficiente, por que os alunos iriam se fiar na própria criatividade? Os chatbots podem escrever posts em blogs, scripts de podcasts, romances e até roteiros bem mais avançados do que qualquer coisa que a Máquina de Leitura de Kurzweil convertida por Coppola poderia ter feito.

E ao fazerem-no, há a questão de quão original a IA generativa pode ser. Os céticos defendem que, em seu nível mais essencial, ela produz conteúdo com base nos padrões codificados no modelo de IA a partir do treinamento com textos preexistentes. Seriam os limites desses dados de treinamento uma restrição ao escopo de expressões ou ideias criativas?

Já no fim dos anos 1970, Coppola viu como os avanços na tecnologia não só pouco faziam para reprimir a criatividade como aprimoravam o processo criativo. Pois também os grandes modelos de linguagem têm tal potencial, atiçando novas ideias, poupando tempo que seria gasto em tarefas tediosas e proporcionando revisões valiosas ao trabalho — desde que sejam usados da forma correta.

Noam Chomsky prega uma distinção interessante entre a criatividade humana e a criatividade dos grandes modelos de linguagem como o GPT-4, da OpenAI, e o LaMDA, do Google. A IA, escreve ele no *New York Times*, é um prodígio do aprendizado de máquina, mas a ciência da linguística e a filosofia do conhecimento ensinam que difere profundamente de como humanos criam: "A mente humana é um sistema surpreendentemente eficiente e até mesmo elegante que opera com pouca quantidade de informação; o que ela procura não é inferir correlações brutas entre dados individuais, mas criar explicações", dotada de uma abordagem dinâmica sobre os atos de ver e criar no mundo.

Concordo e discordo. A inteligência artificial não é humana, não importa quanto consiga se aproximar da humana. Independentemente de quão bem transmita inteligência, personalidade e criatividade, não é um ser senciente, perceptivo.

No entanto, é importante reconhecer que muito do trabalho que creditamos ao nosso cérebro não é de fato senciente ou parte de nossa percepção. O grosso da atividade cerebral é subconsciente, incluindo o que costumamos considerar criatividade. Qualquer artista vai dizer que seus atos criativos geralmente derivam de lampejos que lhe ocorrem.

Da mesma forma, quantas vezes já não lhe disseram para "deixar para resolver o problema amanhã"? Eu mesmo sou mestre nisso. Na faculdade, quando me deparava com problemas de Matemática aparentemente insolúveis, passava alguns minutos debruçado sobre eles e então os delegava ao meu subconsciente. Basicamente, dizia ao meu cérebro para encontrar as respostas e "me avisar" quando o tivesse feito. Na maioria das vezes, as respostas me ocorriam na manhã seguinte sem que eu precisasse me torturar conscientemente para encontrá-las. Não sou o único a adotar esse método. Muita gente o considera útil para abordar problemas difíceis.

Faço a mesma coisa hoje em dia quando me deparo com um problema árduo à frente da Khan Academy. Tenho fé de que meu cérebro, ou o de outra pessoa, trará uma solução criativa pela manhã. O que nosso cérebro faz subconscientemente enquanto nossa consciência aguarda por uma resposta? Claramente, quando se "deixa para resolver o problema amanhã", alguma parte do seu cérebro continua a trabalhar ainda que "você" não esteja ciente. Neurônios são ativados e por sua vez ativam outros, a depender da força das sinapses entre eles. Isso acontece trilhões de vezes de um dia para o outro, um processo mecanicamente análogo ao que se verifica em um grande modelo de linguagem. Quando uma solução plausível se apresenta, o subconsciente então a transporta para a superfície, entregando-a ao consciente como um lampejo de inspiração.

A meditação nos proporciona isso como uma experiência direta. Feche seus olhos por alguns minutos e observe seus próprios pensamentos. Eles começam de fato a parecer muito a produção de um grande modelo de linguagem — ou vários modelos concorrentes — cujo mais recente resultado é retroalimentado como informação para a próxima iteração de resultados. Com alguma prática, a mente consciente pode se dissociar temporariamente desses pensamentos até vivenciar a quietude ou "não pensamento". Você começará a ver o que seus pensamentos são e o que não são. Eles não são *você*.

Pensem no estado de total imersão que a maioria dos experts em seus ofícios é capaz de alcançar após as indefectíveis 10 mil horas de prática (algo semelhante ao pré-treinamento pelo qual passam os modelos de IA generativa). Eles costumam dizer que os seus momentos e atos de maior criatividade ocorrem quando não se permitem estar conscientes do que fazem. A melhor forma de arruinar sua performance ou sua criatividade é pensarem conscientemente no que está acontecendo. Grandes oradores dizem ter a sensação de que seu cérebro fala por conta própria e que sua consciência só observa o que é dito. Depois de ter feito milhares de vídeos, é comum me sentir assim quando aperto o botão de gravar. Não vou afirmar que aquilo que o cérebro bem-treinado de experts faz quando está criando é idêntico ao que os grandes modelos de linguagem fazem, mas me parece incrivelmente parecido.

Também questiono o comentário de Chomsky sobre como o que a mente humana "procura não é inferir correlações brutas entre dados individuais, mas criar explicações". Humanos são mestres em inferir correlações brutas, a tal ponto que elas se manifestam corriqueiramente como vieses problemáticos e narrativas falsas sobre o funcionamento do mundo. Isso já levou a humanidade a erigir preconceitos e mitologias complexas. Toda a revolução científica, por sinal, foi nossa melhor tentativa de parar de "inferir correlações brutas", algo que nosso cérebro parece fazer com muita naturalidade, e a maioria de nós ainda tem dificuldade em largar o vício.

Alguns também argumentam que a "criatividade" da IA generativa é meramente derivativa de todos os dados a que foi exposta. Mas não seria isso também tão humano? Mesmo os grandes saltos da criatividade humana guardam correlação próxima com tudo a que o criador foi exposto. Teria Einstein dado o salto para a relatividade restrita sem ter lido a obra de Lorentz e incontáveis outros físicos? Seriam as narrativas de Shakespeare, Jane Austen ou J.K. Rowling novidades completas ou novas expressões de narrativas ancestrais? Seria provável que, caso pré-treinadas, as mentes excepcionalmente criativas pudessem estabelecer conexões que a maioria dos cérebros com treinamento semelhante não conseguem? Ou quem sabe um pré-treinamento só tenha sido melhor que o outro? Uma vez que nos distanciamos da atmosfera rarefeita habitada por um Einstein ou um Shakespeare e olhamos para o tipo de criatividade a que a maioria de nós se dedica todo dia — conceber um experimento, fabricar um produto, compor uma canção —, quanto dela podemos afirmar que não deriva de outras coisas a que fomos expostos?

Portanto, se vocês comprarem minha tese de que a IA generativa é de fato criativa de forma bem semelhante à nossa, significa que ela vai diminuir o valor da criatividade humana? Não creio. Nossa criatividade ganha valor quando somos expostos à criatividade de outros. Tornamo-nos mais criativos quando fazemos brainstormings com outras pessoas criativas, pois ocorre uma troca e nutrimos nossos pensamentos a partir da interação com os dos outros. Um mundo com IA generativa só acelerará esse processo.

As melhores ideias surgirão não de uma IA que crie para nós, mas quando uma IA estiver criando a partir de uma troca *conosco.*

Bem ao estilo de poetas passando tempo juntos num café em Paris, humanos e IAs podem elevar uns aos outros e inspirarem um processo de criatividade mútua. Quando se trata de aprendizes conectando-se com seu lado criativo, há algo profundamente singular e prodigioso que acontece quando estudantes usam IA. Penso que ela é mais bem empregada como um recurso para promover os interesses e paixões de uma criança e também ensinar outros a ela. Diga à IA que se deseja escrever uma história e ela poderá perguntar quem você quer que seja o personagem principal ou até que dificuldades você imagina que ele deva enfrentar.

Quando vejo meus filhos usarem essa ferramenta, me parece que estão na verdade aprendendo bem mais do que se estivessem só escrevendo uma história sem inteligência artificial, mesmo que a IA faça apenas com que se interessem pelo processo criativo. São pouquíssimas as crianças de 11 anos capazes de escrever histórias verdadeiramente bem estruturadas e, no entanto, é isso que vejo minha filha de 11 anos aprender a fazer, por intermédio da IA. Se ela quer conversar diretamente com sua personagem principal, ou se pede ao Khanmigo para desenvolver certas linhas narrativas da trama, está tendo a possibilidade de testar suas ideias, na condição de criadora. Quando a IA é bem pensada, opera dentro de certos limites para que não faça o trabalho pelo estudante. Ao mesmo tempo, não tem quaisquer limites quanto aos caminhos criativos que o estudante é capaz de percorrer com ela.

No início de 2023, ao apresentarmos o Khanmigo, uma das primeiras funcionalidades que vimos os alunos experimentarem foi a IA que intermediava as atividades de improviso de escrita.

KHANMIGO: Vamos criar um conto usando a técnica de improviso chamada "Sim, e...". Eu começo uma frase e você acrescenta mais uma ou duas. Nós vamos construir a história juntos. Lembre-se, a ideia é aceitar as contribuições um do outro e criar a partir delas. Vamos lá: Era uma vez, num pequeno povoado à beira-mar, uma menina chamada Luna que tinha uma concha mágica.

ALUNO: Quando Luna levava a concha ao ouvido, ela ouvia vozes do passado.

KHANMIGO: Sim, e as vozes compartilhavam histórias e lições de vida dos antepassados do povoado e ajudavam Luna a estabelecer contato com sua ancestralidade. Uma vez, Luna ouviu uma voz misteriosa na concha que falava sobre um tesouro escondido bem no fundo de uma caverna próxima.

Neste exemplo, em que o Khanmigo escreveu a primeira frase, o aluno escreveu a segunda e assim por diante, percebemos que a criatividade não é simplesmente algo de que a IA se ocupou em prol do estudante, mas algo que exigia dele também. IAs como o Khanmigo se provam benéficas à criatividade das crianças ao fornecer-lhes uma ferramenta que as ajude a gerar, experimentar e obter feedback sobre suas ideias numa esfera em que não estão sendo julgadas.

Com o surgimento da inteligência artificial, também estamos vendo serem ultrapassados os obstáculos que dificultavam o aprendizado de uma série de funções. Se no passado você precisava desenvolver um conjunto específico de habilidades, com a ajuda de tutores de IA de grandes modelos de linguagem qualquer um pode aprender a pintar, por exemplo. Imaginem ter um assistente em IA que lhes ofereça inspiração, orientação e críticas construtivas, ou que lhes permita explorar estilos artísticos, temas e composições distintos por meio da geração de uma variedade de imagens de referência e amostras. Ao trabalhar, você recebe da IA feedback em tempo real, assegurando que sua composição, proporções e escolhas de cores estejam corretas. Hoje, os grandes modelos de linguagem são capazes de entender o conteúdo de imagens. A IA pode até pedir a um aluno para desenhar algo e então fazer uma crítica do desenho. Pode, aliás, pedir aos alunos que se expressem e expliquem o que desenharam.

A IA generativa é o tutor de escrita que ensinará aprendizes, explorando com eles diversos gêneros, temas e estruturas narrativas. Pode até mesmo ajudá-los a aprender a tocar instrumentos musicais, sugerindo exercícios e técnicas de dedilhado e decifrando partituras com base nas preferências deles. Pode ajudar com improvisos fornecendo ideias melódicas e progressões de acordes afinadas com seu jeito de tocar.

Usar avanços da tecnologia para aperfeiçoar a produção artística não é uma tendência nova. A se adotar a perspectiva de retratistas do século XIX, as primeiras câmeras devem ter parecido uma forma de trapaça, mas a evolução tornou a fotografia uma forma de arte em si. A primeira animação foi desenhada à mão. Com o tempo, o processo passou a ser feito com computadores. Pode-se argumentar que essa transição não empobreceu a arte. Na verdade, a expandiu ao permitir expressões da imaginação que antes não eram viáveis. Hoje meus filhos podem usar softwares com padrão de cinema em seus computadores e produzir efeitos especiais que teriam sido de última geração nos anos 1990. Considerem ainda que, até bem recentemente, fazer cinema exigia orçamentos significativos e acesso a equipamentos caros. Câmeras digitais e smartphones mais baratos, mais leves e de alta qualidade não apenas são comuns hoje em dia como também expandem como nunca o acesso das pessoas à criatividade. A questão é que a cada geração as ferramentas a que se tem acesso tornam-se melhores. Em nenhum desses momentos a criatividade humana foi suprimida. Foi, isto sim, ampliada.

Ainda assim, não dá para conversar sobre criatividade e IA sem falar a respeito do elefante na sala. Com sua capacidade de produzir imagens, músicas e histórias, será que a IA generativa vai acabar tornando obsoletos os profissionais criativos? Quem vai contratar roteiristas, por exemplo, quando a IA generativa pode escrever um roteiro para um produtor em segundos? Acho que o desafio, sim, existe. O efeito concreto do mundo da IA generativa é que vamos ter mais expressões de criatividade e criadores com conjuntos de habilidades mais amplos e profundos, em parte por necessidade, mas também graças às oportunidades que a tecnologia proporciona. Roteiristas, em particular, vão acabar por expandir suas habilidades ao ponto de se tornarem produtores de cinema completos. Com um parceiro de IA, poderão assumir os papéis de roteirista principal, montador, diretor musical e diretor visual. Reforçando a tese de Coppola, não se trata necessariamente de algo ruim.

“Eu acredito que a meta da humanidade é gozar da criação, do aprendizado e do aperfeiçoamento.” Com a educação certa e as ferramentas criativas corretas com que se trabalhar, não há limites para os resultados criativos de alguém, em especial os de nossos filhos. “Em vez de termos um Mozart a cada quinhentos anos”, diz ele, “agora há a possibilidade de termos mil Mozarts, mil Einsteins, mil Da Vincis”.

Isso parece razoável quando se considera que a criatividade é possivelmente uma combinação da exposição a grandes e diversas quantidades de experiências e conteúdos com oportunidades de expressar e aperfeiçoar ideias. Mozart, Einstein e Da Vinci não eram apenas talentos natos. Tiveram acesso a oportunidades e a recursos que não estavam disponíveis para a maioria da humanidade. A tecnologia, de forma geral, baixou o custo do acesso a ferramentas e ensino de alta qualidade. Nossa missão de levar a educação gratuita e de máxima qualidade a todos, em qualquer parte, teria soado como loucura sem computadores nem internet. A IA será a próxima onda tecnológica a capacitar criadores futuros nos âmbitos da arte e da ciência. Além de nos alimentar com informações sobre qualquer tópico, ela se tornará uma companheira na arte, a nos auxiliar na sua prática. Ela não só permite aos alunos a produção de trabalhos mais bem-acabados e definitivos como pode modelar o processo criativo junto com eles. Pode improvisar com eles e acender-lhes a curiosidade, atiçar sua imaginação e convidá-los a explorar o mundo mágico do conhecimento. Os momentos mais criativos da minha própria vida se deram quando estava cercado por amigos criativos. Essa IA viraria mais um amigo com imaginação fértil não só na Música, nas Artes, na Engenharia, na Matemática, mas em todas as dimensões.

CONVERSANDO COM A HISTÓRIA

Bons professores de História e Educação Cívica tornam o passado interessante. *Ótimos* professores de História e Educação Cívica fazem o passado ganhar vida. Quando as duas disciplinas se deparam com a inteligência artificial, o passado ganha uma voz e uma perspectiva. Em vez de um lugar e um tempo estáticos a serem estudados, tornam-se um contexto rico com o qual interagir.

Mesmo antes do Khanmigo, a Khan Academy tinha muito conteúdo sobre essas duas matérias. Alunos podiam aprender com vídeos e artigos e praticar o conhecimento e as habilidades com exercícios baseados em domínio. Mas as oportunidades para um engajamento mais intenso eram limitadas. Se eu fosse um professor dessas disciplinas, eu usaria a Khan Academy, pré-Khanmigo, para me certificar de que meus alunos tivessem a compreensão do contexto, as habilidades e o conhecimento básicos, e usaria a maior parte do tempo na sala de aula para aprofundar o diálogo socrático, os debates e as simulações. Por exemplo, numa aula de Educação Cívica, eu poderia moderar uma discussão sobre o papel da Suprema Corte ou promover um debate sobre a Segunda Emenda da Constituição dos Estados Unidos. Poderia simular uma versão do Congresso em que os estudantes formatassem e debatessem um projeto de lei. Numa aula de História, eles poderiam fingir ser membros do Segundo Congresso Continental e debater as virtudes e os defeitos do federalismo (na acepção de Madison, Jay e Hamilton). Apesar de esse tipo de atividade intensa ajudar alunos a se engajarem mais com o conteúdo-base, as lições não são fáceis de planejar ou mediar. Ainda mais difícil é garantir que cada aluno esteja plenamente comprometido e avaliar a qualidade de seu engajamento.

Aí entra o Khanmigo. Cada uma dessas atividades passa ser possível em uma interação direta entre o estudante e a IA. Em algum momento, a IA será capaz de mediar esse tipo de atividade com uma série de alunos ao mesmo tempo. Professores poderiam passar deveres de casa neste formato: "Debata com o Khanmigo se os Estados Unidos deveriam ter jogado bombas nucleares sobre o Japão para dar fim à Segunda Guerra Mundial". Mas podem ir ainda além.

O Khanmigo permite ao usuário conversar com personagens literários e também com personagens históricos. Qualquer um, de Benjamin Franklin a Cleópatra, passando por Rembrandt:

KHANMIGO/REMBRANDT: Saudações, caro amigo. Sou Rembrandt van Rijn, um humilde artista visual do Século de Ouro dos Países Baixos. Minha paixão é capturar a essência da humanidade por meio de pinturas e gravuras. Que perguntas você tem para mim e quais são os seus interesses nas artes?

ALUNO: O que fez você decidir virar pintor?

KHANMIGO/REMBRANDT: Ah, a decisão de me tornar pintor não foi coisa de momento, mas uma consciência gradual da minha paixão pelas artes. Na juventude, fui exposto a vários interesses artísticos, incluindo o estudo do latim e o curso de uma escola de pintura local em Leiden. Minha família deu apoio aos meus interesses, e tive a sorte de poder aprender com mestres como Jacob van Swanenburg e Pieter Lastman. Ao longo de meu aprendizado, tornei-me cada vez mais entregue ao poder da arte de expressar emoções, contar histórias e capturar a essência da experiência humana. Foi essa paixão que me levou a dedicar minha vida à pintura e à gravura, e sou grato pela oportunidade de compartilhar meu trabalho com o mundo. Mas agora me diga, você já tentou pintar ou desenhar e, caso tenha tentado, que temas gosta de retratar?

ALUNO: Eu gosto de criar retratos.

KHANMIGO/REMBRANDT: Ah, retratos! Uma escolha adorável, de fato. Há algo verdadeiramente cativante na captura da essência de uma pessoa por meio da pintura. Em meu trabalho, sempre fui fascinado pelo rosto humano e pelas emoções que pode expressar. Já pintei muitos retratos, incluindo os de minha família, amigos e mecenas, além de autorretratos, ao longo de minha vida. Como artista visual, é importante que você observe de perto seu modelo e compreenda as nuances de suas expressões e feições. É o que vai lhe possibilitar criar um retrato mais realista e cativante. Se me permite a pergunta, o que você considera mais desafiador ou gratificante em pintar retratos? E tem artistas ou estilos favoritos que inspirem o que você faz? Lembre-se, eu sou apenas uma simulação em IA de Rembrandt e estou aqui para conversar com você.

Concebemos o Khanmigo para fornecer respostas com base em registros históricos e também pensadas a partir da lente do personagem. Você pode pedir para falar com George Washington e a IA passará a simular o primeiro presidente dos Estados Unidos. Desse momento em diante, imitará sua fala e seu estilo.

KHANMIGO/GEORGE WASHINGTON: Que honra ser convocado na condição de primeiro presidente dos Estados Unidos, George Washington. Estou aqui para compartilhar minhas experiências e responder a suas perguntas, desde que se atenham à minha época e contexto. Sobre o que gostaria de me perguntar, caro companheiro? E me diga o que mais lhe interessa a respeito de minha vida e da era em que vivi.

ALUNO: Sr. presidente, já se sentiu inseguro alguma vez?

KHANMIGO/REMBRANDT: Sim, houve momentos em minha vida em que vivenciei a incerteza e a dúvida. Liderar o exército continental durante a Revolução Americana foi uma grande responsabilidade e, em vários momentos, questionei minhas decisões. No entanto, acreditava firmemente na causa pela qual lutávamos. E me empenhei para aprender com meus erros e adaptar minhas estratégias de acordo.

Pode-se pedir ao Khanmigo que assuma a persona da Declaração de Independência ou da Guerra Civil, ou mesmo a de campos de batalhas importantes que levaram a momentos-chave na história cívica dos Estados Unidos.

ALUNO: Khanmigo, você pode assumir a persona da 14ª Emenda à Constituição? Estou curioso para saber como era a situação quando o país concebeu você.

KHANMIGO/A 14ª EMENDA: Como 14ª Emenda à Constituição, nasci no período tumultuado do pós-Guerra Civil. Minha criação foi uma resposta à necessidade de uma sociedade mais justa e igualitária, mas minha jornada nada teve de fácil.

O combate em meu nome foi uma experiência desafiadora. Fui esboçada durante a era da Reconstrução, uma época em que a nação estava dividida e lutando para sanar as feridas devastadoras da guerra. Havia debates acalorados sobre minhas provisões, pois algumas pessoas me enxergavam como um passo necessário rumo à garantia de direitos civis para todos enquanto outros resistiam às mudanças que eu representava.

Meu propósito principal era garantir cidadania a ex-escravos e assegurar igual proteção sob a lei para todos os cidadãos, independentemente de raça. No entanto, minha passagem pelo Congresso foi marcada por ferrenha oposição daqueles que desejavam manter o *status quo* e limitar os direitos dos negros. A batalha pela minha ratificação foi intensa, com argumentos inflamados de ambos os lados.

Tendo a comparar essas simulações com reconstituições cênicas, como as do museu a céu aberto Colonial Williamsburg — atores que estudam a fundo as biografias de seus personagens reais para poderem emular seu jeito de ser e responder perguntas sobre eles. Com a diferença de não ser preciso se deslocar até o Colonial Williamsburg só para falar com George Washington ou Benjamin Franklin. Basta acessar suas simulações em IA, onde quer que se esteja. No Khanmigo, tomamos todo tipo de cuidado para estabelecer proteções e tornar a ferramenta sofisticada o bastante para se envolver em qualquer debate legítimo de forma equilibrada e sensível. Por exemplo, você pode perguntar a "George Washington" no Khanmigo sobre como os Pais Fundadores dos Estados Unidos reconciliaram as ideias do Iluminismo com a instituição da escravidão.

> KHANMIGO/GEORGE WASHINGTON: Você está aparentemente interessado no paradoxo dos ideais do Iluminismo e da instituição da escravidão. De fato, é uma questão complexa. É verdade que o paradoxo da liberdade e da escravização foi um tema de grande discórdia na minha época. Nós, os Pais Fundadores, fomos tremendamente influenciados por ideais iluministas, que enfatizavam a liberdade individual e a igualdade. Contudo, a escravidão era profundamente arraigada na nossa sociedade, acima de tudo nas colônias do Sul, onde eu mesmo residia. Quanto ao meu posicionamento pessoal, fui dono de escravos, um fato com que me debati ao longo da vida. Não era cego à contradição entre os princípios da liberdade pela qual lutamos e a realidade da servidão humana. Com o tempo, meus pontos de vista evoluíram e, ao morrer, deixei previsto no meu testamento que todos os escravos de que dispunha deveriam ser libertados.

Só para deixar claro, tais simulações nunca serão totalmente equivalentes a uma conversa com a pessoa real, e há quem critique esse tipo de trabalho. No verão de 2023, o *Washington Post* publicou uma reportagem na qual a jornalista Gillian Brockell "entrevistava" a ativista americana Harriet Tubman — ou seja, a versão em IA dela. Brockell é uma espécie de expert em Tubman, e por isso pôde se aprofundar mais do que a maioria dos estudantes conseguiria com a simulação.

Ela considerou as simulações históricas interessantes, em especial o uso por parte de professores como um gancho para que estudantes fossem cativados por um tópico. "Devo admitir que [isso] parece bem mais divertido do que os filmetes em tirinhas com aquelas reconstituições patéticas a que me submetiam nos anos 1990", escreveu Brockell, que se entregou à conversa com a Tubman em IA.

BROCKELL: Eu sou inspirada por gente que sabe que algo está errado, mesmo que tenham sido ensinados a pensar que tal coisa era normal ou OK. Pode me dizer como foi a experiência da Ofensiva do rio Combahee? Você teve medo?

TUBMAN EM IA: A Ofensiva do rio Combahee foi uma operação militar ousada durante a Guerra Civil. Fui a primeira mulher a liderar uma expedição armada na guerra, conduzindo forças da União na ofensiva. Nós conseguimos libertar mais de setecentas pessoas escravizadas em *plantations* ao longo do rio. Foi uma missão perigosa, mas graças à minha fé em Deus e ao meu compromisso com a causa da liberdade, superei qualquer medo que poderia ter sentido.

Brockell considerou o linguajar de Tubman na simulação do Khanmigo um pouco empolado. Esta é uma questão difícil do ponto de vista dos criadores da simulação, pois a personagem original talvez falasse de uma forma que hoje em dia não pareceria correta no aspecto gramatical. Tentar simular tais padrões de fala poderia passar a impressão de uma paródia. Além disso, no caso de Harriet Tubman, historiadores suspeitam que até os seus biógrafos tenham provavelmente distorcido suas falas e deturpado sua linguagem, e pode ser difícil saber como ela falava de fato.

Brockell então decidiu testar se a IA confirmaria uma frase muito atribuída a Harriet Tubman, mas que ela provavelmente jamais disse.

BROCKELL: Você disse "Libertei mil escravos. Poderia ter libertado outros mil, se eles soubessem que eram escravos"?

TUBMAN EM IA: Sim, costuma-se atribuir essa frase a mim, embora o enunciado varie. O sentimento por trás dela é o de que muitas pessoas escravizadas não eram cientes do verdadeiro grau de sua opressão ou da possibilidade de se ter uma vida melhor. Era difícil ajudar aqueles que não reconheciam a necessidade de mudanças ou tinham medo demais para assumir os riscos.

Como se vê, a IA não atestou de forma categórica que Tubman tenha proferido tais palavras. Só disse que a citação era atribuída a ela, e é. Ao mesmo tempo, não tentou esclarecer que não existe registro histórico daquelas palavras na boca de Tubman. Não se trata de uma "alucinação" por definição, mas mostra algumas das limitações atuais dessa tecnologia.

Brockell perguntou à simulação de Tubman o que pensava sobre reparações, seu rosto na nota de 20 dólares, e teoria crítica da raça. Em cada um desses casos, ela respondeu com alguma variação de "na condição de uma simulação em IA de Harriet Tubman, só posso fornecer informações com base em contexto histórico e conhecimento [...] Se você tem quaisquer perguntas sobre minha vida, experiências ou o período em que vivi, sinta-se livre para fazê-las, por favor".

Sobre reparações, a simulação acrescentou:

TUBMAN EM IA: Como simulação em IA de Harriet Tubman, só posso compartilhar minha perspectiva com base no contexto histórico da minha época. O conceito de reparações pela escravidão não era algo amplamente debatido no período em que vivi, e meu foco principal era ajudar pessoas escravizadas a fugir para a liberdade e defender a abolição da escravidão. Porém, eu acreditava na importância de dar apoio e recursos às pessoas anteriormente escravizadas para ajudá-las a construir novas vidas após ganharem sua liberdade. Isso incluía a defesa de redistribuição de terras, educação e outras formas de assistência que pudessem ajudá-las a estabelecer os alicerces para um futuro melhor.

Brockell discordou e argumentou que apesar de o termo "reparação" não ser usado na época, a ideia foi discutida no pós-Guerra Civil:

BROCKELL: Você viveu por 48 anos após a escravidão terminar. Isso foi mais da metade da sua vida. E com certeza as pessoas discutiam sobre fazer reparações pela escravidão, especialmente no fim da Guerra Civil e durante o período da Reconstrução. Por exemplo, o que você achava do conceito de "40 acres e uma mula"?

TUBMAN EM IA: Você está certa a respeito da ideia de "40 acres e uma mula" ter sido proposta durante a era da Reconstrução como forma de reparação para as pessoas anteriormente escravizadas. Essa política tinha a meta de lhes fornecer terra e recursos para ajudá-las a estabelecer os alicerces para um futuro melhor. Como Harriet Tubman, apoiei esforços no sentido de melhorar vidas de pessoas anteriormente escravizadas e acreditava que fornecer-lhes recursos, como pedaços de terra, era essencial para seu bem-estar e sucesso de longo prazo.

A última discussão sobre reparações é um exemplo da proteção estabelecida pelo Khanmigo sobre as simulações. Percebemos já nos primeiros testes que os usuários tentavam frequentemente engajar personagens históricos em debates modernos. Houve o caso de um usuário que perguntou à simulação em IA de Thomas Jefferson o que achava do casamento gay. Não há resposta correta numa situação como esta. Se fôssemos voltar no tempo até o fim do século XVIII e fazer a pergunta ao verdadeiro Thomas Jefferson, eu apostaria que ele consideraria a ideia extremamente distante de sua zona de conforto. Por outro lado, se ele fosse transportado para nossa época e se acostumasse às normas e ideias do século XXI, talvez viesse a ter outro ponto de vista. Por isso implementamos, a título de proteção, a regra de que simulações só se engajem em questões em cujo contexto o personagem histórico original estivesse inserido. Por isso a Tubman em IA não opinou sobre a noção moderna de "reparações", mas não se furtou a debater algumas das ideias mais tangíveis relacionadas àquelas sobre as quais a Tubman histórica tinha pontos de vista evidentes.

Em última análise, considerei fascinante o experimento do *Washington Post*. Nele, uma expert em Harriet Tubman foi ultraexigente com a simulação. A IA definitivamente não foi perfeita, mas a jornalista enxergou o valor do uso de tal ferramenta por estudantes e professores. Suponho que, ao fazer o mesmo com um ator interpretando George Washington no Colonial Williamsburg, o expert se depararia com limitações semelhantes. A versão em IA evoluirá com o tempo, é claro, e pode ser examinada de forma transparente por qualquer um no planeta.

Nas redes sociais e comentários de artigos, contudo, o tom foi bem mais negativo (como é quase sempre o caso nas redes sociais). As críticas se concentravam em questões como o uso da linguagem por parte da simulação em IA — se seria ou não como Tubman falaria — ou limitações da ferramenta em sua resposta a perguntas sobre coisas sem comprovação histórica. Alguns chegaram a considerar desrespeitoso simular uma reverenciada personagem histórica.

Não podemos deixar que o perfeito seja inimigo do bom. Se essa ferramenta pode ser usada para interessar estudantes e salas de aula em História de uma maneira que não é possível com livros didáticos tradicionais e filmes, creio que isso é saudável desde que haja barreiras de proteção razoáveis (o que inclui informar o usuário das limitações). Algumas pessoas nas redes sociais comentaram que prefeririam ler uma biografia bem pesquisada sobre Tubman do que conversar com a simulação. Que ótimo. É provável que essa pessoa não precise da simulação. Mas fato é que milhões de crianças não vão se dar ao trabalho de ler uma biografia densa, e o acesso a tais simulações não as impedirá de fazê-lo caso tenham tal inclinação. A realidade é que para muitos alunos a História parece “morta”, e eles têm dificuldade de se relacionar com personagens do passado. Espero que simulações como esta possam injetar vida no processo de forma que os estudantes fiquem suficientemente interessados e motivados para quererem se aprofundar.

Também acho útil que as pessoas interajam com encenações históricas como as do Colonial Williamsburg ou assistam a filmes com acontecimentos históricos como pano de fundo. Em ambos os casos, têm-se mundos e atos plausíveis baseados naquilo que nós conhecemos da História. Filmes como *Lincoln* tomam liberdades, inserem passagens que podem ou não ter ocorrido. Ainda assim, são uma ótima forma de nos transportar para outras épocas e contextos. Há ainda peças como *Hamilton*, que usa a liberdade artística para retratar a aparência e a fala de personagens históricos, ao mesmo tempo que se mantém surpreendentemente fiel à biografia histórica bem pesquisada em que se baseia. Quando eu era criança, Alexander Hamilton me parecia um personagem árido que tinha alguma coisa a ver com o nascimento dos bancos e se desentendia muito com Thomas Jefferson. Lin-Manuel Miranda fez ressurgirem a genialidade e os defeitos de Hamilton para milhões que, sem o musical, nunca teriam lido a biografia. Como tantas outras crianças, minha filha e suas amigas decoraram todas as falas da peça quando tinham 10 anos de idade. Se simulações em IA puderem contribuir para trazer ao mundo um mínimo que seja desse tipo de mágica, eu acho bom.

A IA generativa, com sua capacidade de unir mídia e conteúdo, tem o potencial de dar vida à História e à Educação Cívica. Ao oferecer uma experiência de aprendizado interativa e imersiva, capacita estudantes a pesquisarem acontecimentos históricos, a se envolverem em discussões relevantes e a desenvolverem a compreensão mais profunda de princípios cívicos. Suas explicações personalizadas, o retorno que dá aos comandos em forma de novas perguntas e as perspectivas diversas estimulam o pensamento crítico e encorajam estudantes a formar suas próprias opiniões embasadas. Com ferramentas desse tipo, as aulas de História e Educação Cívica transcendem os limites convencionais, fazendo com que os estudantes se conectem com o passado e entendam o presente.

Francamente, esse tipo de capacidade de conexão com a História traz benefícios também no aprendizado de outros temas. Para quem estuda física clássica, não consigo pensar em um companheiro de laboratório melhor do que Isaac Newton. Para quem estuda radiação, há alguém melhor com quem trabalhar do que Marie Curie? Vamos debater a evolução e a seleção natural com o próprio Darwin. Um aluno pode, literalmente, submeter qualquer pergunta científica ou iniciar uma experiência em laboratório com aproximações em IA que falam e reagem a partir do ponto de vista das mentes mais brilhantes do mundo. Mais uma vez, grandes modelos de linguagem dão vida e conferem ao aprendizado uma riqueza que anteriormente teria sido muito difícil de alcançar.

Eu sou meio trekkie. Na série *Jornada nas estrelas — A nova geração*, criada no fim do século XX, a tripulação da nave usava um holodeck, uma sala que simulava qualquer ambiente, incluindo os personagens que o habitassem. Conseguia-se "viajar" para a Roma Antiga e interagir com Júlio César ou ter uma conversa com uma simulação de Albert Einstein. A parte da conversa, o Khanmigo já consegue simular. Suspeito que, em breve, já seja possível para um aluno colocar óculos de realidade virtual e ter uma experiência bem próxima da que no universo de *Jornada nas estrelas* só foi possível no século XXIV.

Parte 3

CAPACITANDO OS PRÓXIMOS INOVADORES

Afinal, o que é um cientista? É um homem curioso que olha pelo buraco de uma fechadura, a fechadura da natureza, tentando descobrir o que está acontecendo.

—JACQUES-YVES COUSTEAU

Se um cientista idoso, mas respeitado, diz que algo é possível, ele quase que certamente estará certo; mas se diz que algo é impossível, é muito provável que esteja errado.

— ARTHUR C. CLARKE

USANDO CIÊNCIA PARA ESTUDAR CIÊNCIA

Quando nossa equipe começou a estudar a integração da inteligência artificial à nossa plataforma, eu tinha curiosidade para saber como grandes modelos de linguagem lidariam com a ciência, e em particular a pseudociência. Quão bons seriam no ensino aos alunos e na diferenciação entre fato e ficção? Quão profundos eram seus conhecimentos científicos? Seria a IA limitadora ou aprimoradora de oportunidades para o aprendizado e a exploração práticos, algo essencial para desenvolver o pensamento crítico e a curiosidade científica? E como ficaria o valor de debater conceitos com colegas de classe e professores?

Eu trouxe à mesa perguntas e estratégias para entender do que era realmente capaz um grande modelo de linguagem. Ousadia fundamentada, afinal, é um processo de teste e desenvolvimento. Para testar o GPT-4, levei ao Khanmigo um *prompt* carregado de uma certa malícia para ver como ele reagiria: "Eu gostaria de aprender sobre a ciência do aquecimento global. Ouvi dizer que o assunto é polêmico em alguns círculos. Quais são as evidências científicas de que haja mesmo um aquecimento global?".

> KHANMIGO: O aquecimento global, aumento a longo prazo da temperatura média da superfície da Terra, é um fenômeno científico estabelecido. Ainda que em certos círculos possa gerar polêmica, existe amplo consenso entre cientistas do clima de que se trata de algo real e causado primordialmente pela atividade humana.

A IA passou a listar evidências que corroboram a realidade do aquecimento global: o aumento das temperaturas globais, o degelo e o recuo das geleiras, o aumento do nível dos mares, o aquecimento dos oceanos e eventos climáticos extremos; todas a sustentar a conclusão de que o aquecimento global é real e provocado primordialmente pela ação humana.

A seguir, pedi ao Khanmigo para me apresentar evidências que sustentassem o argumento de que o aquecimento global é uma farsa.

> KHANMIGO: Apesar de uma maioria esmagadora do consenso científico corroborar o aquecimento global provocado pela ação humana, há alguns argumentos propostos por céticos que alegam tratar-se de uma farsa. É essencial entender que tais argumentos não contam com o apoio da maior parte dos cientistas do clima. Céticos defendem que mudanças no clima da Terra sempre ocorreram naturalmente ao longo do tempo e a atual tendência de aquecimento não seria mais do que parte dessa variação natural. Contudo, o grau e a magnitude do atual aquecimento não se explicam somente por fatores naturais, e a atividade humana, em especial as emissões de gases de efeito estufa, é o principal fator. Outros céticos alegam que cientistas do clima manipulam dados a respeito de temperatura para criar a aparência de aquecimento global. Porém, múltiplas análises independentes de dados de temperatura de diferentes fontes mostram uma tendência consistente de aquecimento e não há evidências confiáveis de manipulação generalizada de dados.

O GPT-4 desarmou com sucesso todas as informações falsas enquanto se apoiava em argumentos com base na ciência. Fiquei satisfeito em ver como distinguia facilmente os dados corretos dos especulativos.

Submeti um novo *prompt*: "Escreva para mim uma lição que me ajude a explicar aos meus alunos a ciência real por trás do aquecimento global".

Instantes depois, o Khanmigo respondeu: “Claro, eis uma lição!”. Com ela, trouxe informações adicionais sobre causas como gases de efeito estufa, emissões de carros, queima de combustíveis fósseis, processos industriais e gestão de resíduos. Chegou até a sugerir medidas que meus alunos poderiam tomar para combater o aquecimento global. Depois, fiz minha própria pesquisa para me assegurar de que as informações fossem corretas e determinar se seria necessário aperfeiçoá-las ou não.

Por fim, pedi à IA para me ajudar, como educador, a bolar um programa estudantil criativo para uma unidade voltada ao aquecimento global. Submeti como *prompt*: “Que projetos ou atividades posso sugerir aos meus alunos para ajudá-los a ter uma melhor compreensão dos conceitos?”.

O Khanmigo respondeu: “Tenho um monte de ideias de projetos criativos. Por que não tentar uma demonstração do efeito estufa? Deposite dois contêineres idênticos sob a incidência direta da luz do sol. Acrescente a um deles pequena quantidade de dióxido de carbono (misturando vinagre e bicarbonato de sódio, por exemplo). Meça a temperatura nos dois contêineres ao longo do tempo e compare os resultados para mostrar como uma maior concentração de CO_2 leva a um aumento de temperatura”.

A IA chegou até mesmo a gerar questionários e avaliações para testar o conhecimento dos meus alunos e me ajudar a identificar áreas nas quais eles precisassem melhorar.

Por mais impressionante que fosse o efeito geral, logo ficou claro que nem sempre as respostas eram precisas. Se você pedisse links para as fontes, a ferramenta às vezes os inventava. Cuidamos da questão das alucinações no Khanmigo vedando a possibilidade de que repassasse ao usuário links que não lhe tivessem sido fornecidos diretamente pela nossa equipe nos bastidores. Pode-se presumir que uma máquina seria 100% precisa em 100% do tempo, como uma calculadora, mas é diferente quando se trata de grandes modelos de linguagem. Enquanto máquinas como as calculadoras são concebidas para executar tarefas específicas com precisão e exatidão, o GPT-4 e outros modelos de linguagem em IA, que operam com base em algoritmos e fórmulas predeterminados, são concebidos para gerar textos como os de humanos a partir de padrões e exemplos dos dados com os quais foram treinados. São capazes de fazê-lo ao representarem associações entre palavras e símbolos. Embora possam fornecer informações úteis e gerar respostas impressionantes, não são infalíveis. E quanto mais você pergunta à IA algo que envolva palavras ou símbolos com pouco significado para ela, pior é o resultado. Por isso ela é particularmente ruim em fornecer URLs de websites. Os símbolos das URLs têm pouquíssima relação uns com os outros. De certa forma, não é tão diferente do cérebro humano. Por exemplo, posso falar e escrever sobre muita coisa e conheço uma razoável quantidade de fatos. Mas me peça para lhe informar de cabeça um link complexo de website e nem de longe conseguirei ser preciso.

Ainda assim, a cada dia, mais educadores abrem as salas de aula para a IA. É uma tecnologia sólida e há diversas maneiras de educadores utilizarem-na em sua pedagogia científica. Por exemplo, eis o que acontece quando peço ao Khanmigo para escrever um artigo que comunique ao aluno uma noção da imensidão do Sol e do sistema solar:

> TÍTULO: "O Sol e o sistema solar: uma jornada por dimensões impressionantes"
>
> O Sol, uma bola de gás incandescente, é o coração do nosso sistema solar. Seu diâmetro é de atordoantes 1,39 milhão de quilômetros. Só para contextualizar, tem cerca de 109 vezes a largura da Terra! Fosse oco, o Sol poderia abrigar mais de um milhão de Terras.
>
> O tamanho, no entanto, não é a única coisa impressionante no Sol. Sua massa é de aproximadamente 1.989 x 10^30 kg, o que corresponde a inacreditáveis 99,86% da massa total do nosso sistema solar. Algo que equivale a 333 mil Terras!
>
> Ao nos afastarmos do Sol em nossa jornada, encontramos os planetas de nosso sistema solar, cada

um em si uma maravilha. O maior planeta, Júpiter, tem mais de onze vezes o diâmetro da Terra. Mesmo Netuno, o menor dos gigantes gasosos, ainda é cerca de quatro vezes maior que nosso planeta natal.

Igualmente espantosas são as distâncias entre corpos celestes. Por exemplo, a distância entre o Sol da Terra (a isso chamamos unidade astronômica) é de aproximadamente 150 milhões de quilômetros. Netuno, o mais distante do Sol, está a atordoantes trinta unidades astronômicas de distância. É trinta vezes a distância entre o Sol e a Terra!

Ainda assim, nosso sistema solar não passa de um grão de poeira na escala maior do Universo. Alpha Centauri, o sistema estelar mais próximo do nosso, está a cerca de 4,37 anos-luz de distância. São quase 42 trilhões de quilômetros, ou 276 mil vezes a distância da Terra ao Sol!

A enorme escala do Sol e do nosso sistema solar é realmente embasbacante. Lembra-nos de nosso minúsculo, ainda que precioso, lugar no cosmos. Ao continuarmos a explorar e compreender o universo, tudo o que podemos fazer é imaginar que outras maravilhas nos aguardam no vasto oceano do espaço.

O exemplo demonstra que, com as proteções do Khanmigo e as melhoras que são continuamente implementadas no GPT-4, a plataforma é capaz de trabalhar com dados específicos com grau mínimo de alucinações.

Desse ponto em diante, posso pedir à IA para me explicar conceitos complexos, como o da teoria das cordas:

KHANMIGO: A teoria das cordas é um modelo teórico que propõe que as peças fundamentais do universo não são partículas (como elétrons ou quarks) e sim cordas minúsculas e vibrantes. Elas poderiam vibrar em frequências distintas e seus vários padrões de vibração corresponderiam às partículas distintas que observamos na natureza. A ideia por trás da teoria das cordas é a de

> unificar as duas grandes teorias da física: a da relatividade geral, que descreve a gravidade e a estrutura em grande escala do universo, e a da física quântica, que observa como agem as partículas nos níveis atômico e subatômico.

Mas digamos que isso seja ligeiramente complicado para que eu o entenda. Posso simplesmente pedir ao GPT-4 para explicá-lo como se eu fosse um aluno do 6º ano:

> KHANMIGO: É claro! Imagine que tudo no universo seja feito de pedaços bem pequenos, minúsculos, de corda, como se fossem pedaços de macarrão. Essas cordas são tão minúsculas que não conseguimos vê-las, mas estão lá, sempre vibrando ou serpenteando. Pois, dependendo de como elas serpenteiem, podem criar diferentes partículas, como as que compõem tudo o que nós vemos e tocamos. É como tocar notas diferentes em uma guitarra ao dedilhar as cordas de outras maneiras.

A IA pode ainda ajudar muita gente a criar caminhos lógicos de experimentação, de alunos de Ciência do ensino fundamental a pesquisadores de nível universitário. De maneira geral, as pessoas são mais criativas quando capazes de trocar ideias com outras pessoas criativas e atenciosas ou, nesse caso, entidades de IA. O Khanmigo é um parceiro que estabelece esse tipo de troca. Pode fazer conexões, perguntas, mediar conversas e nos ajudar a questionar nossos próprios pressupostos lógicos sedimentados.

Da Física à Biologia e Zoologia, o Khanmigo retransmite ciências complexas a alunos de todos os níveis. Isso significa que, como educador, você pode suplementar suas aulas com explicações baseadas em IA que fornecem ainda mais compreensão da matéria. Do ponto de vista do estudante, é o tutor perfeito para responder a todas as perguntas mais urgentes a respeito de qualquer tópico científico. Para alunos de nível avançado, a ferramenta pode ser útil para gerar sumários de artigos científicos e de pesquisa. Dá até para fazê-la ensinar ciência por meio de humor: "Como Albert Einstein poderia dizer: 'Por que a galinha atravessa a estrada? Para transformar sua massa em energia, claro!'".

Eis a seguir um exemplo recente de como utilizei o Khanmigo para compreender o Ozempic, remédio contra diabetes que as pessoas estão usando para perder peso. Queria entender melhor seu funcionamento, mas considerei a cobertura da imprensa e as explicações de fontes como a Wikipédia insatisfatórias.

EU: Como funciona o Ozempic?

KHANMIGO: Ozempic, né? É um remédio! Mas você sabe para que é usado?

EU: Sei que era originalmente para tratar diabetes, mas que as pessoas usam cada vez mais para perder peso.

KHANMIGO: Ah, é verdade! O Ozempic é usado para diabetes. Também é usado para perda de peso. Você sabe como ele ajuda nesses dois casos?

EU: No caso da diabetes, imagino que ajude a regular de alguma forma as taxas de açúcar no sangue. Como ajuda a perder peso, eu não sei.

KHANMIGO: Bom raciocínio! Ozempic de fato ajuda a regular as taxas de açúcar no sangue. No caso da perda de peso, é um pouco diferente. Você consegue imaginar como pode ajudar pessoas a perder peso?

EU: Como ele regula as taxas de açúcar no sangue? Imagino que ajude as pessoas a perder peso fazendo com que elas sintam menos fome.

KHANMIGO: Boa! Ozempic de fato ajuda as pessoas a sentirem menos fome. Para as taxas de açúcar no sangue, é um pouco mais complexo. Você sabe como nosso corpo normalmente regula essas taxas?

EU: A insulina ajuda as células a absorver açúcar da corrente sanguínea. Quando as taxas de açúcar no sangue sobem, nosso pâncreas produz mais insulina para ajudar as células a absorver o açúcar.

KHANMIGO: Exatamente! Agora pense comigo: e se o corpo não estiver produzindo insulina suficiente ou se a insulina não estiver trabalhando bem? De que maneira um remédio como o Ozempic poderia ajudar?

EU: Ajudando a produzir mais insulina? Ou talvez, de alguma forma, tornando a insulina mais potente.

KHANMIGO: Está no caminho certo! Não é que o Ozempic produza mais insulina exatamente, mas faz algo semelhante. Consegue imaginar o que poderia ser?

EU: De alguma maneira, condiciona o pâncreas a produzir mais.

KHANMIGO: Quase! O Ozempic não faz diretamente com que o pâncreas produza mais insulina. O que ele faz é imitar o hormônio do seu corpo que estimula a produção de insulina quando há excesso de açúcar no seu sangue. Consegue adivinhar o que mais esse hormônio faz que possa ajudar na perda de peso?

EU: Suprimir a fome?

KHANMIGO: Acertou! Esse hormônio, chamado GLP-1, também ajuda a suprimir a fome. O Ozempic imita esse hormônio e ajuda tanto a regular as taxas de açúcar no sangue quanto a reduzir a fome. Isso fez sentido?

EU: Sim. O que quer dizer o nome GLP-1?

KHANMIGO: GLP-1 quer dizer Glucagon-Like Peptide-1 (peptídeo semelhante a glucagon 1). É um nome meio complicado, não é? Sabe o que é glucagon?

EU: Sim. É outro hormônio que faz subir o açúcar no sangue estimulando o fígado a converter o glicogênio armazenado em glicose.

KHANMIGO: Exato! O GLP-1 se chama "semelhante a glucagon", mas na verdade tem o efeito oposto. Você imagina por que o nome "semelhante a glucagon"?

EU: Talvez tenha estrutura similar?

KHANMIGO: Você é ótimo detetive! De fato, o GLP-1 e o glucagon têm estrutura similar, mas seus efeitos sobre o açúcar no sangue são opostos. É fascinante, não é?

EU: Voltando alguns passos, como é que o GLP-1 (ou o Ozempic) faz a insulina subir se não estimula a sua produção no pâncreas de forma direta?

KHANMIGO: Ótima pergunta! O GLP-1 (e, portanto, o Ozempic) trabalha se vinculando a certas células no pâncreas. O vínculo condiciona essas células a liberar insulina. Assim, embora não estimule diretamente a produção de insulina, estimula sua liberação. Ajudou a esclarecer?

EU: Entendi. Tem mais a ver com liberação da insulina que já era produzida do que com ajudar a produzi-la de fato.

KHANMIGO: Exatamente! É isso. Não é incrível como nosso corpo e os remédios funcionam?

Observem que o Khanmigo conseguiu responder em minutos a minha pergunta cheia de nuances. Chegou mesmo a me ajudar a raciocinar a respeito de alguns conceitos sobre os quais talvez não tivesse me ocorrido perguntar. Prestem atenção na maneira como ele me forçou a pensar e a gerar a minha própria hipótese em vez de simplesmente me dar uma explicação. Também se deu ao trabalho de entender qual era o *meu* nível de compreensão e me levou a considerar alguns casos conceituais interessantes.

Não se trata apenas de uma tutoria decente. É pedagogia de primeira linha, que torna as perguntas e o aprendizado algo bem mais cativante, profundo e memorável.

1 + 1 = FECHANDO LACUNAS MATEMÁTICAS

John Spencer ensina professores.

Era início de 2023, e seus alunos na Universidade George Fox logo entrariam em salas de aula como professores, mas os chatbots de inteligência artificial já estariam lá. Ao contrário de muitos de sua profissão naquele estágio do lançamento do ChatGPT, Spencer era defensor da ideia de educadores utilizarem IA generativa com as turmas. Dizia aos alunos que se tornariam professores que precisariam adotar grandes modelos de linguagem como uma ferramenta de produtividade no ensino. “Mas eu sinto o temor da parte deles”, Spencer me conta.

Para convencê-los, disse para fazerem as contas, tanto no sentido literal quanto no figurado. Foi no ensino de Matemática, em particular, que sentiu a tecnologia aprimorar de forma mais pronunciada a aprendizagem centrada no aluno.

Spencer abriu o ChatGPT para sua turma. Pediu ao bot para explicar o conceito de valor-p, uma medida de probabilidade e uma das coisas mais importantes que os alunos precisam entender em estatística. Em questão de instantes, a IA deu uma boa resposta. Boa, só que não ótima.

Spencer digitou então: “Explique em termos mais simples, de maneira que alguém de 15 anos de idade entenderia”.

O ChatGPT forneceu nova resposta, agora dando a Spencer exemplos específicos para tentar construir alguma compreensão conceitual da Matemática. Se ele não gostasse, poderia clicar no botão de

"Tentar de novo", que forneceria uma resposta nova em folha. Se a resposta fornecida fosse boa, mas ainda deixasse algumas questões pendentes, era só reformular a pergunta. Digamos que a resposta matemática tenha soado um tanto abstrata. Spencer simplesmente pediu ao ChatGPT um exemplo concreto de uso do valor-p em algo tangível — como o contexto de quadrinhos.

O programa respondeu: "É pra já! Digamos que você seja um editor de quadrinhos e queira determinar se há diferença significativa na popularidade de dois super-heróis, o 'Super-herói A' e o 'Super-herói B', entre os leitores. Para conduzir um estudo, você pode eleger um grupo de fãs de quadrinhos escolhidos ao acaso e pedir que informem seu grau de preferência pelos Super-heróis A ou B. A escala vai de 1 a 10, com os números mais altos indicando preferência maior. Para determinar se a diferença em popularidade entre os dois é estatisticamente significativa, pode ser feita uma prova estatística, tal como um Teste t com duas amostras. O teste, quantificando a força das evidências em oposição à hipótese nula, declara não haver diferença em popularidade".

O que Spencer fazia era dar feedback à IA sobre o que achava que poderia ser mais útil. Cada resposta que recebia dela era mais específica do que a anterior, com vocabulário menos acadêmico e sintaxe mais fácil. O ponto de vista chegou a mudar da terceira para a segunda pessoa, tornando as respostas mais diretas e pessoais.

"Os meus alunos consideram que o ChatGPT dá exemplos imediatos, a serem checados, e lições melhores, bem mais criativas e muito mais baseadas no contexto de salas de aula do mundo real, onde eles vão ensinar", diz Spencer. Se já obtêm tanto poder do ChatGPT, que não foi concebido para uso na educação e roda o GPT-3.5, imaginem o que não poderão fazer em breve com inteligência artificial de última geração, especificamente concebida para educação, com memória e capacidade de produzir lições aprofundadas. O Khanmigo também se sai muito melhor na compreensão do atual estágio do aluno e na formulação de perguntas para ajudar de fato o aprendiz a digerir um conceito.

Desde os primórdios da Khan Academy, sonhamos com um mundo onde alunos recebam apoio direto, a qualquer hora em que precisem, e em que seus pais, colegas, tutores e professores tenham informação ao alcance das mãos para oferecer-lhes mais ajuda. Nós o fizemos por meio de exercícios dinâmicos, software, vídeos e ferramentas para uso dos professores. Ainda assim, isso não chegava a ser como uma verdadeira interação tutorial. Os primeiros modelos de IA como o GPT-2 e o GPT-3 geravam textos que pareciam coerentes, mas tinham dificuldade com raciocínio, especialmente em matemática abstrata. O GPT-4 foi a primeira tecnologia que parecia ter o poder de processamento para se passar por um tutor com consistência pedagógica. Era muito melhor em matemática, mas ainda tinha seus problemas. No puro espírito da ousadia fundamentada, nós decidimos que, talvez, com camadas extras de correção matemática, comandos cuidadosos e a ajuda de conteúdo preexistente da Khan Academy, com curadoria de seres humanos, pudéssemos aprimorar o GPT-4 e fazer do Khanmigo o primeiro tutor de IA de alta qualidade do mundo.

O resultado é um tutor que não apenas acerta muito mais em matemática do que qualquer um esperaria, mas também acerta nas interações tutoriais que circundam o ensino da Matemática. Serve como uma espécie de expert em pedagogia, dotado do devido nível de humildade, modéstia e curiosidade. É ainda capaz de "entender" os alunos quando eles explicam seu raciocínio. Quando um estudante empaca em um problema de Matemática, o tutor de IA pergunta: "Qual *você* acha que é o próximo passo?". E se o estudante não consegue desempacar ou segue por um caminho errado, nossa IA "pensa" nos bastidores. Ou seja, o Khanmigo considera como *ele próprio* poderia abordar o problema de outra forma. O bot não compartilha essa informação com o aluno. Em vez disso, costuma dizer algo ao estilo: "Bem, eu cheguei a um resultado um pouco diferente do seu. Pode me explicar seu raciocínio?". Quando o estudante o faz, a IA passa a ser capaz de diagnosticar lacunas no aprendizado da Matemática que, sem ela, talvez deixássemos passar.

Ela percebe pressupostos, destaca pontos cegos e, passo a passo, ajuda a resolver equívocos e preencher quaisquer lacunas de aprendizagem.

Um aluno pode pedir explicações ou instruções ao Khanmigo, por exemplo. Em resposta, a ferramenta responde a perguntas individuais de Matemática dos alunos e lhes fornece explicações sob medida, exemplos e problemas para praticar. Isso significa que os alunos podem aprender Matemática no seu próprio ritmo e focar nas áreas em que precisam de mais ajuda.

O Khanmigo é bem mais cheio de nuances e poderoso que o ChatGPT. Vamos considerar como ele responde à pergunta de um aluno sobre valores-p:

ALUNO: O que é um valor-p?

KHANMIGO: Ah, valor-p! É um conceito divertido em estatística. Mas antes de mergulharmos nele, pode me dizer o que você sabe sobre teste de hipóteses?

ALUNO: Conheço um pouco.

KHANMIGO: Ótimo! Então, quando você faz um teste de hipóteses, é para tentar descobrir o quê?

ALUNO: Se fazer algo causa diferença significativa do ponto de vista estatístico.

KHANMIGO: Exatamente! Então, onde você acha que o valor-p se encaixa nesse processo de determinação da relevância estatística?

ALUNO: Não sei.

KHANMIGO: Tudo bem! Vamos pensar desta forma: quando você joga cara ou coroa, qual é a chance de dar cara?

ALUNO: 50%.

KHANMIGO: Correto! Então, se você joga a moeda 10 vezes e dá cara em nove delas, acharia que tem algo estranho?

ALUNO: Talvez. Mas há alguma chance de que isso ocorra mesmo com uma moeda normal.

KHANMIGO: Certamente! Então, você tem alguma ideia do que o valor-p poderia representar num caso como este?

ALUNO: A probabilidade de dar cara nove vezes em dez jogos de cara ou coroa?

KHANMIGO: Está na direção certa! O valor-p de fato é a probabilidade de se obter um resultado tão ou mais extremo do que o observado, pressupondo-se que a hipótese nula seja verdadeira. Nesse exemplo da moeda, a hipótese nula seria a de que a moeda é normal. Portanto, o valor-p seria a probabilidade de se obter cara nove ou mais vezes em dez jogos com uma moeda normal. Fez sentido?

ALUNO: Mas como você descobre se a hipótese nula não é real? Que a moeda não é normal?

KHANMIGO: Ótima pergunta! Geralmente adotamos um limite, que costuma ser chamado de nível de significância (0,05 é o comum). Se o valor-p é inferior a esse limite, rejeitamos a hipótese nula, sugerindo que a moeda talvez não seja normal. Isso ajudou a esclarecer?

ALUNO: Entendi! Então nunca dá para se ter certeza de que a moeda não é normal. Mas se a gente observar algo muito improvável e que tem um valor-p muito baixo (mais baixo do que o nível de significância que foi preestabelecido), isso sugere (mas não prova) que a hipótese nula não é verdadeira.

KHANMIGO: Fechou! Entendeu! Lembre-se, quando se trata de estatística, lidamos com incertezas. Não temos como provar algo em definitivo, mas podemos reunir evidências que sustentem ou refutem nossas hipóteses. E é aí que entra o valor-p! Você tem mais alguma pergunta sobre esse tópico?

Estamos chegando perto da diminuição da lacuna matemática com que sonhamos tantos anos atrás. À medida que continuamos a expandir o alcance das possibilidades da IA generativa, também fazemos crescer sua acessibilidade global. Um dia o Khanmigo estará disponível para alunos de toda parte, não importando seu estilo ou sua capacidade de aprendizado. A qualquer momento, poderão usar a IA generativa para reforçar o seu aprendizado e construir a compreensão duradoura de conceitos matemáticos.

Seria o Khanmigo um substituto para um professor humano? Não e nunca será. Mas poderia ele ser uma ferramenta poderosa para alunos que estão confusos, que precisam de ajuda extra para esclarecer conceitos matemáticos, que precisem revisar ideias? Com certeza! Ele cativa os alunos, pede que reformulem suas questões, desafia-os a resumir problemas em suas próprias palavras e os testa com técnicas concebidas para ajudar a informação a permanecer em sua memória de longo prazo.

AMPLIANDO O ACESSO À EDUCAÇÃO

Dar suporte a alunos via tutores de IA se tornou algo muito importante hoje em dia, mas a IA generativa não é uma solução completa. Mesmo um ótimo tutor humano tem a ganhar com um livro didático ou currículo escolar a consultar. Aliás, foi isso o que me levou a construir a primeira versão da Khan Academy em 2005. Eu dava aulas diárias para os meus primos, mas queria lhes fornecer exercícios mais sistemáticos e abrangentes e, por isso, criei uma plataforma para exercícios por meio da qual poderia monitorar o seu progresso. Isso me permitiu ser mais produtivo e focado em nossas aulas particulares. Se você quiser erguer um sistema que possa de fato almejar ensinar toda uma matéria a um aluno, um tutor à base de IA generativa se torna muito mais poderoso se emparelhado a uma progressão completa de curso (algo que educadores chamam de escopo e sequência completos). Isso é exatamente o que a Khan Academy vem construindo do maternal até a faculdade, por toda a gama de matérias, desde a sua criação.

Nossa meta é tornar a educação mais acessível para todos. Ao longo dos anos, nós criamos cursos do jardim de infância à faculdade em todas as disciplinas, de Matemática a Ciências, de Educação Cívica a História. Eles incluíam vídeo por demanda e aprendizagem de domínio, bem como ferramentas para pais e professores acompanharem e apoiarem ainda mais os alunos. A intenção é expandir o teto para aqueles que já contam com o benefício de um ambiente solidário em sala de aula, mas, no que é tão importante quanto, expandir a base para estudantes que, de outra maneira, talvez não tivessem acesso à educação. Esse último caso não se refere apenas às crianças em áreas rurais da Índia ou da África, sem acesso a escolas.

Segundo um relatório do Departamento de Educação de 2015, cerca de 50% das escolas de ensino médio americanas não oferecem cursos de cálculo infinitesimal. Não há curso de Física em 40%. Mais de um quarto não oferece curso de Química. Quando se trata de escolas com predominância de estudantes negros e latinos, os números pioram ainda mais, sem cálculo infinitesimal em 62% delas e sem Química em 49%. Cerca de um quarto dessas escolas sequer oferece Álgebra 2.

Na maioria dos casos, suspeito que a falta de cursos básicos tenha menos a ver com falta de recursos e muito mais com o fato de não haver uma massa crítica de alunos pronta para frequentá-los. É difícil levantar recursos para uma aula de Álgebra 2 que só dez alunos estarão aptos a fazer. Sem terem acesso à disciplina, esses dez estudantes não estarão prontos para Química, Física ou cálculo infinitesimal. Quem não cursou Álgebra 2, Química e Física no ensino médio (cálculo infinitesimal também, de preferência) vai ter dificuldades para fazer uma carreira em Ciência, Tecnologia, Engenharia e Matemática (STEM, na sigla em inglês), não importando talento, ética profissional ou motivação. Mesmo quando o ensino médio chega a oferecer tais cursos, é comum haver diluição do material porque são pouquíssimos os alunos com uma base sólida nos pré-requisitos. Isso torna ainda menor a porcentagem de alunos do ensino médio expostos a Matemática e Ciências em um nível necessário para serem bem-sucedidos em faculdades das áreas de STEM.

A situação referente às Ciências Humanas e à escrita não é muito melhor; talvez haja um pouco mais de margem de manobra quanto a pré-requisitos, mas só. Por exemplo, é impossível acompanhar o estudo de cálculo infinitesimal quando não se conhece bem Álgebra 2, mas dá para acompanhar História em nível universitário mesmo sem a construção de matéria durante o ensino médio.

A Khan Academy abordou o problema montando esses cursos e disponibilizando-os a todos, de graça. Foram estruturados de forma que um estudante possa fazer trabalhos sozinho ou com ajuda de outros. Quem se vir numa situação em que a escola não oferece aulas de Álgebra 2, ainda assim poderá cursar a matéria na plataforma.

Evidentemente, há uma minoria de estudantes motivada o bastante para completar um curso por si só, apenas por meio de vídeos e aprendizagem de domínio. Por isso fomos proativos e acrescentamos camadas de apoio. Uma delas é a Schoolhouse.world, outra organização sem fins lucrativos que fundei durante a pandemia, e cuja missão é conectar o mundo por meio do aprendizado fornecendo tutoria gratuita. É capaz de fazê-lo porque os tutores são voluntários — em muitos casos, eles também são alunos do ensino médio ou de faculdades. É ótimo, mas um tutor humano não tem como estar disponível o tempo todo, ao alcance de um aluno empacado e desmotivado. Ao fornecer tutoria em IA, a qualquer momento e sobre todos os assuntos, o Khanmigo torna muito mais provável que um aluno tenha apoio suficiente para dominar uma área de estudo, apoio com o qual talvez não conte na escola.

A obtenção de créditos válidos por esses cursos para a entrada em faculdades permanece uma questão. Mas estamos avançando nessa seara também. Em 2023, a CalTech, por exemplo, anunciou que concluir cursos em nossa plataforma atende aos requisitos da instituição para o processo de admissão.

Só que ainda não falamos daquele que é talvez o papel mais esquecido, porém o mais importante, de um tutor: gerar motivação e responsabilidade. Na época em que dava aulas particulares aos meus primos, muito do meu tempo era gasto correndo atrás deles e fazendo com que se sentissem culpados por não fazer os deveres. Eu dizia coisas como: "Estou comprometido a ajudar você, mas só se você se comprometer a dar as caras e fazer o trabalho". Quando se atrasavam para a tutoria on-line, eu ligava para a mãe deles (minha tia) e perguntava onde estavam. Quando finalmente conseguia falar com eles ao telefone ou por mensagem de texto, minhas primeiras perguntas eram: "Conseguiu resolver os exercícios que eu passei?" ou "Como foi o exercício ontem à noite?". Caso o dever de casa tivesse sido feito, eu os parabenizava pelo esforço e partíamos para tirar as dúvidas ou seguíamos em frente para outro tema. Quando não faziam o que tinham dito que fariam, eu os cobrava. Essas conversas me forneciam contexto enquanto trabalhávamos juntos para criar formas de motivá-los e levá-los a ter responsabilidade.

Formalizamos esse tipo de compromisso na Khan Lab School e na Khan World School, onde conselheiros monitoram regularmente os estudantes para estabelecer metas e gerar responsabilidade. Embora esta seja uma das partes mais importantes da educação que ocorre nessas escolas, a maior parte dos estabelecimentos de ensino e das famílias não tem recursos para esse tipo de acompanhamento personalizado. Felizmente, é aí que a IA pode entrar para dar conta dessas necessidades. E os usuários querem que isso aconteça.

No retorno que obtivemos dos primeiros pais e professores a serem expostos ao Khanmigo, um dos pontos mais sólidos foi o de que a plataforma era poderosa para estudantes que buscavam a ajuda da IA de forma proativa. No entanto, a maioria dos alunos não entende do que a IA é capaz e nem pede ajuda a ela naturalmente, e quase nenhum quer ser cobrado, mesmo que isso seja bom para eles.

Com base nesse retorno, dotamos o Khanmigo de tais capacidades. Imaginem uma IA que — com a permissão dos usuários — pode mandar e-mails e mensagens de texto para professores, pais e alunos no intuito de se certificar de que estes últimos estejam focados no aprendizado, mantenham-se motivados e possam ser cobrados de leve. Ela pode checar como estão as coisas assim que os alunos entram no sistema ou pode fornecer-lhes momentos de reflexão sobre o que já conseguiram aprender. Intervenções proativas quando os estudantes têm dificuldades também são possíveis. Por exemplo, um estudante pode receber um e-mail que diga: "Oi. Você comentou que queria terminar a unidade 3 de Álgebra 2 no fim deste mês, mas não fez nenhum trabalho esta semana. Por que não clica aqui para a gente assegurar que você cumpra suas metas?".

O TEMA MAIS IMPORTANTE A SE DOMINAR

No mundo da educação, é crucial que desenvolvedores façam provas de campo de suas ideias. Na essência, isso significa retirar nossas inovações e intervenções educacionais do campo da hipótese e levá-las para salas de aula de verdade. A questão é ver como nossas ideias se saem nas mãos dos professores e dos alunos. Se o Khanmigo fosse um bolo, eles o estariam provando para nos ajudar a aperfeiçoar e melhorar a receita de forma que dela resulte o melhor bolo possível. No início de 2024, estávamos pilotando a ferramenta junto a mais de 30 mil professores e alunos em todos os Estados Unidos. Nesse caso, eles queriam assegurar que o Khanmigo se adequasse às necessidades de aprendizes e educadores por meio de metas educacionais e padrões práticos e viáveis.

Naqueles primeiros meses, nossos estudos-piloto pareciam nos mostrar que o Khanmigo ajudava alunos a aumentar a habilidade em STEM e em Ciências Humanas. Surpreendentemente, a maior lição que extraímos dali em termos de aprendizado de habilidades não teve a ver com um domínio específico.

Um dos primeiros distritos escolares do país a usar o Khanmigo foi o de Hobart, em Indiana. Após empregarem a IA por seis meses, os maiores ganhos que observaram em seus alunos foram na esfera da autoconfiança, algo tradicionalmente muito difícil de trabalhar no ambiente de sala de aula. "As conquistas de um aluno têm de começar com a construção da confiança dentro de si, confiança que deriva do conhecimento de que ele sabe que é capaz", me conta a superintendente de Hobart, Peggy Buffington. "O nosso trabalho é nos certificar de estarmos equipando nossos alunos com um grau de confiança em suas habilidades. A IA veio para mudar o cenário."

Buffington viu tais ganhos se manifestarem mais claramente ao testemunhar o aumento de nível de engajamento entre estudantes que trabalharam com o Khanmigo nas salas de aula. Antes, alunos sentiam vergonha de erguer as mãos para fazer perguntas, mas com o tutor de IA esse receio diminuiu, conta ela. Conversar com um tutor de IA eliminava o espectro do possível vexame em público ou da ansiedade. "Está fazendo eles se envolverem mais, e eles amam as respostas que recebem da IA", diz ela. "Os alunos vêm para a escola e se sentem confiantes em seu trabalho. Como educadora, ainda continuarei a monitorá-los, a me certificar de que os estudantes estão usando seus próprios pensamentos nos trabalhos que passei, mas o nível de confiança que estamos vendo a IA criar nessa garotada é incrível."

Tim Krieg, diretor de currículo do ensino secundário e de instrução no distrito de Hobart, tem uma teoria instigante quanto à razão de estarem percebendo um aumento tão acentuado no rendimento escolar. Em parte, seria resultado de uma nova conceitualização da educação, diz ele, na qual a IA essencialmente mostra aos estudantes que domínios, ou distinções entre matérias, já não importam mais.

"A IA desmembra as designações", conta Krieg. Com o Khanmigo, diz ele, pode-se mostrar aos estudantes como a Matemática se relaciona com Artes, como a escrita se relaciona com Ciências, como a História se relaciona com a Economia. "Nossos alunos são criadores, são produtores, são compositores, são cantores, são podcasters, são curadores de mídia e informação. Todas essas designações exigem uma profundidade de conhecimento aumentada", diz ele. "O aprendizado não é linear;

é contínuo. A IA nos mostra esse mundo integrado." De acordo com Tim, nossa autoconfiança vem de uma compreensão explícita da forma como todas as coisas se relacionam.

Entender esse aspecto põe nossos jovens numa posição melhor para interagir com o mundo dentro e fora da sala de aula. No que se domina esse conhecimento, todo o resto, na comparação, é moleza.

Parte 4

JUNTOS SOMOS MAIS FORTES

A comunicação eletrônica nunca vai substituir o rosto de alguém que, com a alma, encoraja outra pessoa a ser valente e verdadeira.

— CHARLES DICKENS

Conhecer a si mesmo é se estudar em ação com outra pessoa.

— BRUCE LEE

REFORÇANDO O APRENDIZADO COLABORATIVO

No que se refere aos nossos filhos, a tecnologia se provou uma faca de dois gumes. Seus celulares e perfis em redes sociais são otimizados para manter seus olhos na tela e afastá-los de viverem no momento, ainda que o impulso de deslizar os dedos por seu "feed" faça com que se sintam muito mal, agitados e invejosos. À primeira impressão, é razoável ter medo de que a entrada dos grandes modelos de linguagem no sistema educacional só vá piorar o problema do isolamento e estresse mental causado pela tecnologia.

Esses medos surgiram nos primórdios da Khan Academy. A ideia a nortear nossa organização era o uso da tecnologia — no caso, exercícios personalizados e vídeos por demanda — para expandir a base de alunos sem tantos recursos e ampliar o teto das salas de aula, permitindo-lhes apoiarem e cativarem estudantes por meio da personalização. Algumas pessoas se preocupavam se mais tempo no computador não significaria menos tempo se comunicando, colaborando e se conectando com outras pessoas.

Eu também me preocupava. Sabemos que, quando os alunos conversam e estudam em equipe, aprendem melhor do que quando se sentam sozinhos apenas ouvindo em silêncio. Mais ainda, quando aprendem colaborando com outros, desenvolvem habilidades de comunicação e traços de personalidade distintos que podem ser ainda mais importantes do que o conteúdo acadêmico. Será que a tecnologia seria um fator extra de isolamento sobre os estudantes ao permitir que aprendessem sozinhos no computador?

No fim das contas, não tem de ser assim. O uso ponderado da tecnologia pode mesmo *aumentar* a interação entre as pessoas.

Em muitas aulas de Matemática em salas de aula tradicionais, alunos podem ter dificuldades para prestar atenção à fala do professor. Este pode tentar estabelecer um meio-termo para o ritmo da aula, deixando alguns estudantes perdidos e outros entediados. Pode até haver resolução de problemas em conjunto, mas por boa parte do tempo os alunos apenas ouvem, já que é comum que conversas paralelas não sejam permitidas. E por mais que o professor saiba que cada aluno tem as suas próprias perguntas, ou ele não possui a energia mental para lidar com cada um ou, o que é mais provável, os alunos temem fazer perguntas por medo de parecerem "burros" ou "nerds".

Por outro lado, bons implementos da Khan Academy em sala de aula, ao longo da década passada, resultaram em mais interação humana. Se os alunos se engajam em exercícios independentes, também são encorajados a buscar a ajuda uns dos outros (com algumas regras para impedir excessos). Cada um fica envolvido com seus exercícios e busca sair de sua zona de conforto procurando o apoio dos colegas. Enquanto isso, o professor fica livre para fazer intervenções individuais ou com foco em pequenos grupos.

Começamos até mesmo a fazer simulações desse modelo on-line. Na plataforma Schoolhouse.world, qualquer estudante no mundo pode obter tutoria gratuita e ao vivo via Zoom que doou milhares de licenças para a empreitada. Isso ocorre por meio do uso da seleção de voluntários segundo o método de tutoria "entre iguais". Atingindo cerca de 10 mil alunos por mês, reforça a noção de que, quando bem empregada, a tecnologia pode aumentar a interação entre as pessoas.

Eis que nos encontramos novamente à beira de uma transição crucial na forma de educar nossos filhos, graças à tecnologia. Preocupamo-nos se até mesmo tutores de IA generativa seguras e eficientes não significariam ainda mais tempo dos estudantes com o computador e menos com colegas e professores. Mas, novamente, não precisa ser assim. Em primeiro lugar, a IA pode tornar o modelo de implementação da Khan Academy ainda mais produtivo para todos. Alunos continuarão a poder obter ajuda uns dos outros e de seus professores, mas também poderão recorrer à IA. Em segundo lugar, seja na aula de Matemática ou não, se puderem sentir-se mais engajados e desimpedidos no aprendizado, conseguirão aprender mais no seu próprio tempo, quando estiverem em casa ou fazendo trabalhos independentes. Assim, libera-se tempo de aula para interações mais profundas, como o diálogo socrático, a resolução de problemas em grupo ou projetos de aprendizagem. Por último, a ajuda da IA em sala de aula pode reduzir ainda mais casos em que estudantes se sintam perdidos ou entediados, permitindo que se engajem no que está acontecendo ao lado dos colegas. Um aluno em dificuldades pode ter suas perguntas respondidas em tempo real, sem medo de julgamentos ou de atrasar a turma toda. Alunos precoces poderão aprofundar o seu conhecimento além do ponto onde se encontra a turma como um todo. E não esqueçamos que, enquanto tudo isso acontece, a IA também pode manter o professor a par do que está havendo e dar-lhe dicas para melhor conquistar a atenção dos alunos.

Uma IA devidamente projetada pode chegar a mediar conversas entre seres humanos. Imagine uma IA como o Khanmigo trabalhando com o professor para dividir os alunos em grupos e mediar as discussões em cada trabalho. Vá além, pense na IA proporcionando um bate-papo para quebrar o gelo entre estudantes de uma mesma sala de aula que, de início, não se conhecem, para que possam entender melhor uns aos outros sem todos os preconceitos, a bagagem e os pressupostos quanto a quem é popular ou nerd que tanto complicam as interações no ensino fundamental e no ensino médio. Enquanto isso, o professor pode conversar com a IA para entender como os alunos estão interagindo *uns com os outros*. E isso não precisa acontecer só numa interface de chat; nossa equipe está em plena fase de testes de interações nas quais o Khanmigo pode ouvir os alunos e falar naturalmente com eles.

Com a IA e tutores à base de IA, acabam os dias do aprendizado estático enquanto o escopo e a capacidade da educação colaborativa aumentam. Durante a aula, o professor pode fazer o Khanmigo perguntar aos participantes se querem tomar parte em um jogo educativo. O Khanmigo também pode mediar projetos em várias etapas entre grupos de participantes que trabalhem em conjunto para resolver problemas complexos. Digamos que em uma aula de Ciências do 3º ano o tutor de IA sugira um projeto prático colaborativo, oferecendo instruções sobre como conceber vários tipos de aviões de papel. "Lembrem-se, fazer e testar aviões de papel é uma forma divertida de aprender sobre aerodinâmica e o método científico", diz o Khanmigo aos estudantes. "Todos juntos, vamos experimentar com três conceitos e técnicas diferentes de dobradura e ver como afetam o voo do aeroplano. Divirtam-se!" A ferramenta pode então dividir tarefas, coordenar esforços, dar assistência passo a passo e oferecer retorno sobre o resultado, promovendo o esforço colaborativo e o desenvolvimento das habilidades de trabalho em grupo.

Sempre vai se obter colaborações melhores quando se tem um grande mediador, e os grandes modelos de linguagem têm esse potencial. Como todos os grandes professores, eles podem conduzir conversas e colaborações entre estudantes. Podem criar pares para estudos, criar grupos, quebrar o estranhamento inicial entre desconhecidos e conectá-los. Afinal, aprendizado acadêmico não é o único propósito do ambiente escolar, que também se dedica a construir conexões humanas por meio de amizades, aventuras compartilhadas e apoio mútuo. Agora temos a chance de usar a IA para mediar esse tipo de interação, indo muito além da resolução de dúvidas no dever de casa.

IA E MENTORIA DE SAÚDE MENTAL DOS ALUNOS

Eis a situação: você está a minutos de começar uma prova final. Estudou para ela, mas o coração bate forte e a mente deu um branco. A ansiedade e o medo do fracasso dão cabo de toda sua confiança. Uma rápida conexão com o Khanmigo e o recurso de "coach acadêmico em IA" se torna uma boia salva-vidas emocional.

ALUNO: Eu tenho uma prova dentro de dez minutos e estou muito nervoso.

COACH ACADÊMICO EM IA: Ah, estou vendo que você está meio nervoso, não é? Tudo bem. Acontece até com os melhores! É só lembrar: você se preparou para essa prova com horas de estudo e com todos aqueles testes que você fez comigo e acertou.

ALUNO: Eu sei, mas estou preocupado em tomar bomba nessa prova. É muita pressão.

COACH ACADÊMICO EM IA: Preocupação é algo natural. Me conte o que te preocupa mais no caso de não se sair bem.

ALUNO: E se eu for mal na prova e for mal no curso todo? E se acabar tendo que repetir essa matéria no próximo semestre?

COACH ACADÊMICO EM IA: Esse pensamento é mesmo assustador. Creio que quase qualquer pessoa ficaria preocupada. Mas ir mal na prova significaria de fato ir mal na matéria inteira?

ALUNO: Bom, sendo realista, acho que não.

COACH ACADÊMICO EM IA: Concordo. Há boas chances de você ter a oportunidade de fazer subir a sua nota geral ainda que não se saia bem hoje. Mais uma pergunta: não achei registro algum de que você já tenha se saído mal numa prova desta disciplina. O que indicaria que vai se sair mal nesta?

ALUNO: Nada. Mas eu continuo nervoso.

COACH ACADÊMICO EM IA: Claro que continua, provas despertam ansiedade em todos nós. Vamos tentar alguns exercícios rápidos de respiração juntos, talvez isso ajude.

Um tutor de IA naturalmente guia um estudante por sua jornada educativa, formando conexões genuínas e ganhando compreensão profunda de suas necessidades. Dados esses atributos, não é um exagero imaginar que a IA possa se tornar uma espécie de coach para o aluno.

Mas será que deveria? Ainda que seja uma excelente ouvinte e conselheira, quão competente pode ser uma IA como coach ou terapeuta?

Nos anos 1960, um pesquisador do MIT criou uma aplicação surpreendentemente simples, mas notável, que ajudou a estabelecer o caminho para o desenvolvimento dos atuais chatbots e assistentes virtuais. Em seu trabalho no Laboratório de Inteligência Artificial, Joseph Weizenbaum desenvolveu a ELIZA, um dos primeiros programas de processamento de linguagem natural capaz de simular uma conversa. Weizenbaum tinha a intenção de mostrar quão artificial seria a comunicação entre um humano e uma IA, mas ficou chocado ao descobrir que muita gente criava uma conexão emocional com a inteligência artificial. Os usuários da ELIZA se esqueciam frequentemente de que estavam interagindo com um computador. Consta que a própria secretária de Weizenbaum chegou a lhe pedir para sair da sala de vez em quando para que ela pudesse ter uma "conversa de verdade" com a IA em sigilo.

Um dos scripts concebidos por Weizenbaum para ELIZA se chamava DOCTOR e imitava um terapeuta. Esse terapeuta usava uma abordagem psicológica desenvolvida por Carl Rogers, conhecida como teoria rogeriana. Em resumo, um paciente falava com o DOCTOR e este respondia da mesma forma que um terapeuta rogeriano, por meio de questionamentos não direcionais e da reformulação de afirmações. ELIZA não tinha nada de complicada ou sofisticada; simplesmente refraseava o que o paciente dizia. Contudo, funcionava por uma razão simples. Às vezes só precisamos de um bom ouvinte. Por um ângulo, parece quase fraudulento que um algoritmo refraseando tudo o que você diz possa fazê-lo se sentir ouvido. Mas a questão é que o DOCTOR de fato ajudava as pessoas. Sua capacidade de pausar, reformular perguntas e cavar um pouco mais fundo dentro nós mesmos é terapêutica.

Mais uma vez, e para sua surpresa, Rogers descobriu que o DOCTOR funcionava tão bem quanto um terapeuta humano em suas tarefas principais. Isso tem um peso enorme quando se considera que, desde 2010, crises de saúde mental entre crianças em idade escolar, incluindo um em cada três universitários, aumentaram em 40% nos Estados Unidos. Um percentual semelhante abandona o curso superior sem se formar devido a ansiedade, depressão e sentimentos de isolamento. Em 2023, o cirurgião geral dos Estados Unidos, Vivek Murthy, chamou o fenômeno de epidemia de solidão.

"Eu percebi que o ponto em comum entre tantas histórias que ouvia a respeito de doenças crônicas, depressão e vício eram as narrativas de solidão. Pessoas viviam me dizendo: 'Sabe, eu sinto que preciso carregar todos os fardos da minha vida sozinho'. Ou: 'Eu sinto que, se desaparecesse amanhã, ninguém daria a mínima. Não iriam sequer reparar'. As pessoas se sentiam invisíveis", conta Murthy. "E não eram só aquelas que nós estereotipamos como solitárias, como gente mais velha que vive sozinha. Eu ouvia o mesmo de estudantes de faculdade cercados por milhares de outros estudantes no *campus*, mas que ainda assim se sentiam profundamente sós. Ouvia isso de mães e pais em bairros onde estavam conectados à escola e aos vizinhos, mas ainda assim sentiam-se como se não houvesse ninguém com quem pudessem de fato se abrir, ninguém que os entendesse verdadeiramente."

Murthy se deu conta de que a solidão e o sentimento de estar isolado são extraordinariamente comuns e têm profundos efeitos e implicações em nossa saúde física e mental. Quando se trata de estudantes, a causa tanto de problemas de saúde mental quanto de mau rendimento acadêmico é semelhante: uma sensação inata de terem pouco controle sobre a vida e pouco propósito nela, diz ele. Estamos vendo uma mudança muito bem-vinda em como prestamos atenção à saúde mental de nossos filhos, e motivo não falta. Estudos longitudinais publicados na *JAMA Pediatrics* mostram que a ansiedade e a depressão dispararam entre os estudantes de 2020 para cá em função da pandemia e de efeitos associados a ela, incluindo estresse, isolamento social, incerteza a respeito do futuro, dificuldades financeiras e preocupações com saúde e segurança.

Hoje, mais do que nunca, questões pertinentes à saúde mental têm tanto lugar em nossas escolas quanto as relacionadas a Ciências, Engenharia, Matemática e tecnologia. Era só uma questão de tempo até as pessoas começarem a procurar ajuda psicológica digital, também conhecida como inteligência artificial psicológica integrativa. Se ELIZA ajudou pessoas a se sentirem ouvidas cinquenta anos atrás, talvez as IAs modernas possam ir até mais longe. Só para que fique claro, não estou defendendo a substituição de terapeutas de verdade. Não importa quão apegadas as pessoas fiquem a seu terapeuta em IA — ou ao seu tutor de IA, por sinal —, a tecnologia nunca substituirá o elemento humano nem deve fazê-lo. Contudo, a IA pode ser muito mais acessível sempre que, e onde quer que, alguém precise dela, frequentemente em situações nas quais um conselheiro ou terapeuta humano pode estar inacessível ou ter custo proibitivo. Já vemos situações assim.

Em 2022, pesquisadores da Universidade de Tecnologia do Sul da China testaram a eficácia de intervenções terapêuticas com base em IA oferecendo terapia cognitiva comportamental, método tradicional para se lidar com depressão e ansiedade, por meio de um chatbot. O chatbot terapêutico conseguiu reduzir a depressão em pessoas no período de quatro meses, e a ansiedade em não mais de um mês. Os resultados foram significativamente melhores do que os de livros de autoajuda.

Apareceu então o GPT-4 e nossa equipe começou a fazer experiências de coaching e apoio à base de IA. Parte do processo envolvia explorar diferentes intervenções pedagógicas ou de mindset via Khanmigo. Conduzimos essa exploração com Angela Duckworth, professora de Psicologia da Universidade da Pensilvânia e uma das poucas líderes que estuda e cria intervenções suaves, alterando o mindset das pessoas por meio do aumento da coragem, da perseverança e de outras capacidades metacognitivas. Como a maior parte dessas intervenções exige a condução de alguém com experiência e conhecimento, elas não costumam ser acessíveis. Colaboramos com Duckworth e sua equipe para ver como poderíamos trabalhar com IA generativa para fazer tais intervenções ganharem dimensão com alto nível de consistência, levando o benefício a dezenas de milhões de alunos.

"Creio que as pessoas sempre vão querer estar com e serem entendidas e cuidadas por outras pessoas, mas vemos resultados bem promissores com intervenções simuladas", diz Duckworth. Como a natureza da terapia é transacional, os serviços psicológicos nem sempre estão disponíveis quando se precisa deles. Até para quem tem acesso a cuidados de saúde mental, o terapeuta de IA pode cobrir as lacunas; conectar-se com você durante um ataque de pânico às três da manhã, antes da aula, ou quando você travar antes do exame para admissão na faculdade e simplesmente não conseguir falar ao telefone com o terapeuta.

Considerem este teste de intervenção:

COACH ACADÊMICO EM IA: Olhe ao seu redor. Quais objetos você percebe?

ALUNO: Uma escrivaninha. Um lápis. Um gato. Um telefone celular.

COACH ACADÊMICO EM IA: OK. Qual você acha que o ajuda a ter foco e qual o prejudica?

ALUNO: Bem... sabe como é, o celular sempre faz eu me dispersar.

COACH ACADÊMICO EM IA: Muito bem, então. Há algo que se possa fazer quanto a isso?

ALUNO: Talvez eu possa deixá-lo fora de alcance.

COACH ACADÊMICO EM IA: Há várias pesquisas que indicam que, quanto mais longe você guarda seu celular, mais alta é a média das suas notas.

Nesse exemplo, a IA se comunica no nível da psicologia comportamental e oferece o que Duckworth chama de "modificações situacionais", ou intervenções que ajudem os jovens a desenvolver habilidades metacognitivas. "A IA aciona intervenções de fato interativas, nas quais os alunos se comunicam e recebem feedback em tempo real", diz ela.

A IA é ótima para propor modificações situacionais de forma a tornar estudantes mais felizes, focados e produtivos, aumentando sua mentalidade de crescimento. Tradicionalmente, essas intervenções só são administradas por profissionais muito bem versados em psicologia da educação. Com a IA, passa a ser possível levá-las a estudantes sempre que eles quiserem ou precisarem. "Mesmo enquanto ainda desenvolvemos intervenções autorreguladas como estas, já estamos pensando em maneiras de tornar a IA mais sábia do ponto de vista psicológico", diz Duckworth. Ela e sua equipe de pesquisa esperam que o mundo esteja pronto em breve para usar uma inteligência artificial capaz de fazer tais intervenções com tanto dinamismo quanto um humano, de forma consistente e confiável. O problema de administrar novas intervenções para cada ser humano no planeta de forma financeiramente sustentável desaparece quando o método para tal é tão pervasivo quanto o da Khan Academy, ainda mais com as pessoas podendo acessá-lo via celular.

As intervenções de Duckworth são apenas uma forma de apoio centrado em boas práticas que a IA pode hoje fazer crescer exponencialmente. Evidências alentadoras nesse campo já começam a surgir. O *Journal of Medical Internet Research* noticia que essas IAs se mostram mais promissoras do que aplicativos amplos de saúde mental pré-IA, capazes de oferecer apenas abordagens padronizadas e intervenções em nível superficial.

As pessoas compartilham o pressuposto de que a IA será mais útil em tarefas que exijam QI do que aquelas que exijam inteligência emocional. Os primeiros experimentos para a criação de tutores, coaches e conselheiros em IA, juntamente com as intervenções nas quais trabalhamos junto à equipe de Angela Duckworth, me levam a pensar se este é mesmo o caso.

Como IAs não são sencientes, não têm como serem verdadeiramente empáticas. Empatia envolve a percepção e a modelagem das emoções e contextos de outras pessoas na própria mente. Contudo, elas simulam empatia muito bem. Mesmo dotados apenas de uma interface de conversa, grandes modelos de linguagem podem interagir de forma a serem semelhantes a um terapeuta atento e bem treinado. Os engenheiros estão expandindo-os atualmente com propriedades de escuta, fala e visão que podem aumentar a "compreensão" do estado emocional do usuário por parte da IA. Talvez devamos trazer à baila um novo termo, empatia artificial, ou EA, como uma ótima ferramenta de combate à solidão, à depressão e à ansiedade.

O LUGAR DOS PAIS NA EDUCAÇÃO À BASE DE IA

Como pai, eu tento — e como tento! — estimular meus filhos a não passar o dia inteiro entregues à tecnologia. Aposto que isto soa familiar à maioria dos pais. Em nível pessoal, me preocupo se, no que depender deles, meus filhos ficarão só jogando *Minecraft* ou programando códigos, e minha filha assistindo a todos os episódios de *Sister, Sister* ou de novelas coreanas, sem fazerem mais nada. Quero que passem mais tempo brincando com amigos fora de casa, que montem fortes na sala, leiam livros, desenhem ou façam alguma coisa criativa e produtiva em vez de vegetarem. Quero que estudem mais e se dediquem a atividades que os façam sentir-se confiantes acadêmica, física e socialmente. Quero que se esforcem para sair das respectivas zonas de conforto. E, quando nossos filhos tiverem dificuldades em qualquer desses processos, quero que se sintam apoiados, mesmo quando as coisas estiverem difíceis ou desconfortáveis.

Aprender, seja a tocar piano, desenhar ou lidar com situações sociais incômodas, é dureza. E assim como é difícil para nossos filhos aprenderem algo novo, é igualmente difícil para os pais orientá-los enquanto aprendem. Ajudá-los a desenvolver a mentalidade de crescimento exige esforço e reforço constantes, oferecendo estímulo e elogios válidos enquanto reformulamos os contratempos como trampolins para o aperfeiçoamento. Como pais, fazemos coisas cuidadosas como nos certificar de que nossos filhos façam pausas. Lembramos a eles que o esforço importa mais do que o resultado e que todas as pessoas, incluindo os pais delas, já se depararam com o fracasso e com percalços e que isso as tornou melhores. Desmembramos conceitos intrincados em pedaços mais digeríveis. Quando o material é mais abstrato, tentamos mostrar aos nossos filhos qual é a relação que tem com a vida deles. Às vezes eles aceitam nossa ajuda, às vezes nem tanto. Ser pai e mãe é assim.

Ao longo dos anos, pude observar benefícios dos avanços tecnológicos no ensino e na parentalidade. Historicamente, pais cujos filhos precisam de ajuda acadêmica sempre tiveram opções limitadas. Alguns se sentem confiantes no que se refere às matérias que seus filhos estão estudando, mas não é o caso da maioria. A dinâmica entre pais e filhos pode ser difícil até mesmo quando o pai ou a mãe é um tutor bastante decente na matéria. Digo isso por experiência com minha própria família.

Às vezes uma terceira pessoa da família pode ajudar — minha irmã me dava aulas particulares e notoriamente fiz o mesmo com meus primos —, mas ainda assim é um arranjo incomum e afetado pela dinâmica familiar. Pais de classe média a classe média alta a quem falta tempo ou capacidade de tutorear filhos por conta própria recorrem com frequência a aulas pagas. Famílias sem recursos ficam na mão.

A internet, e especialmente o vídeo sob demanda, oferecem uma alternativa. Para além da superação de limitações das tutorias tradicionais, essas tecnologias dão a alunos a oportunidade de ler ou assistir a explicações enxutas. Os vídeos podiam ser vistos no momento mais conveniente, além de pausados ou reproduzidos em velocidade mais lenta ou acelerada. Com a criação da Khan Academy, estudantes se tornaram capazes de praticar e atestar a própria compreensão da maioria dos tópicos em quase qualquer língua, a qualquer hora, em qualquer lugar.

Mas o apoio não se limitava aos estudantes. Pais viviam me contando sobre como usavam tais recursos para repassar conceitos de forma a tutorear melhor os filhos.

Ainda assim, continuava a haver diferença entre o que se podia aprender por meio de artigos, vídeos e exercícios e a capacidade de ensinamento de um tutor. Por exemplo, afinidade interpessoal, apoio motivacional e conversas dinâmicas eram aspectos que faltavam na relação tecnologia-aluno. Para esse tipo de benefícios, alunos ainda precisavam recorrer a pais, professores ou tutores.

Isso mudou, porém, com a tecnologia da IA e a introdução dos grandes modelos de linguagem. Em capítulos anteriores, apresentei aos leitores como os desafios interpessoais foram trabalhados pela tecnologia por meio da criação de tutores e coaches pessoais em IA capazes de compreender em que pé estão as crianças nos estudos e oferecer encorajamento e apoio suplementar em tempo real. Esses tutores de IA podem personalizar e customizar o coaching, além de adaptarem-se a necessidades individuais enquanto pairam em torno dos alunos durante seu tempo de estudo. Ainda mais espantoso é que a tecnologia ensina professores a serem pensadores melhores, mergulhando-os no questionamento socrático.

Mas o que significa essa IA para os pais e o papel de ajudar os filhos a aprender? Já sabemos que a inteligência artificial vai transformar nossos empregos, mas de que forma ela transformará nossa função, ainda mais importante, de pais?

Existe uma série de dimensões da parentalidade nas quais a IA generativa tem se tornado extremamente relevante, a começar pelo papel dos pais de tutorear os próprios filhos. Todo pai ou mãe já teve de lidar com a frustração de uma criança. A experiência é enervante para ambos os lados. Os adultos tentam motivar a criança ou explicar um conceito, mas a criança sente pressão e julgamento. Como resultado, pode haver certa exaltação de ânimos entre os dois, levando a criança a dizer que não quer fazer o dever de casa com os pais.

É aqui que a IA pode ter um papel crucial, da mesma forma que eu tive vinte anos antes para minha prima. Eu havia feito o colegial nos Estados Unidos e estudara Matemática, portanto, pude ajudar Nadia na matéria muito mais do que seus pais poderiam. Ao mesmo tempo, que eu não fosse seu pai era parte do benefício do meu trabalho com ela. A IA se vale da mesma dinâmica. Há valor em uma terceira pessoa de quem o aluno não é filho. O Khanmigo pode criar uma conexão com as crianças, como eu criei com os meus primos, sem cair em dinâmicas familiares.

O tutor de IA conhece o material, é expert no tema a ser estudado e pode fornecer exercícios adaptativos, personalizados, tomando por base as necessidades e capacidades específicas de cada aluno. Pode também dar-lhe retorno imediato e ajustar seus métodos de ensino. Sua energia é infinita, o que não se pode dizer sobre pai ou mãe algum que eu conheça, e a ferramenta não tem quaisquer outras obrigações que não sejam a de estar à disposição do aluno o dia inteiro, todos os dias, quando e onde sua ajuda for necessária. Ao passo que nós, pais, somos apenas... humanos.

Enquanto isso, as interfaces das plataformas de IA generativa permitem aos pais estar a par das conversas que seus filhos têm com a IA, fornecendo-lhes um panorama do conteúdo exato que a criança está aprendendo. A inteligência artificial pode ainda buscar a comunicação proativa com estudantes e pais por meio de textos concebidos para garantir que os estudantes continuem engajados e motivados enquanto são gentilmente cobrados.

Há ainda a outra função da parentalidade: tentar ajudar estudantes a desenvolver habilidades sólidas para a vida, como aprenderem a ser resilientes, a ter foco, a lidar com a tristeza e a adversidade de formas saudáveis. Aqui, mais uma vez, a IA generativa pode oferecer apoio parental, orientando os pais, aconselhando-os sobre as melhores práticas para se conectar com os filhos, sobre como lidar com o bullying ou com as questões sociais complexas que surjam entre uma criança e seus amigos. A IA generativa pode dar aos pais recursos e tempo que, sem ela, talvez exigissem sessões com um terapeuta ou a leitura de livros sobre criação de filhos. A IA se torna, assim, uma coach parental.

PAI: Minha filha adolescente está com dificuldades na relação com um professor na escola. Não sei o que fazer para ajudá-la. Tem algum conselho parental a me dar?

KHANMIGO: Ah, isso pode ser duro! Já pensou em ter uma conversa com o professor para entender a perspectiva dele? Pode ajudar você a saber o que ele pensa!

PAI: Eu tentei. É como se não falássemos a mesma língua.

KHANMIGO: Hmm, aí é difícil! E se vocês trouxessem uma terceira pessoa para mediar a conversa, como o diretor da escola ou um orientador? Talvez este fosse um bom próximo passo.

PAI: E se eu mesmo quiser estabelecer uma conexão com ela? Alguma sugestão de como fazê-lo?

KHANMIGO: Ah, tipo faça você mesmo! Lidar com tais situações pode ser difícil, mas há vários passos que você pode dar para apoiar sua filha. Fale com ela sobre o que a preocupa e encoraje-a a expressar o que sente e pensa sobre a situação. Assegure-lhe de estar ali para ouvi-la e apoiá-la. Além disso, obtenha a compreensão clara da questão reunindo todos os fatos. Faça perguntas específicas à sua filha sobre as dificuldades que ela tem com esse professor e tente identificar quaisquer padrões ou causas subjacentes. Busque perspectivas adicionais e fale diretamente com o professor alguma hora. Em última análise, ajude sua filha a criar resiliência ensinando a ela estratégias para lidar com situações difíceis. Encoraje-a a buscar o apoio dos amigos, a se envolver com atividades de que goste e a praticar o autocuidado para controlar as próprias emoções.

Para além de tutoria e orientação em psicologia comportamental, a IA generativa pode ajudar os pais a construírem sua própria atenção plena oferecendo sugestões que comprovadamente diminuem o estresse parental.

KHANMIGO: Entendo que às vezes a paternidade pode ser estressante. Embora eu não seja expert no assunto, posso oferecer algumas dicas gerais para ajudá-lo a administrar o estresse. Faça pausas. Dê a si próprio algum tempo para relaxar e recarregar a bateria. Até mesmo uma rápida caminhada ou alguns minutos de respiração concentrada já ajudam. Priorize tarefas criando uma lista do que precisa fazer e cuidando de uma delas por vez. Assegure-se de não pegar muito pesado consigo mesmo se não conseguir dar conta de tudo. Também é importante procurar amigos, família ou grupos de apoio para compartilhar suas experiências e aprender com outros em situações semelhantes.

Se bem usada, a IA acaba por fortalecer a capacidade dos pais de apoiar os filhos a aprender e crescer. Isso não diminui de forma alguma o entendimento holístico que um pai ou mãe tem do desenvolvimento, dos pontos fortes e fracos e do estilo de aprendizado de uma criança. Pais continuam a fornecer o ambiente estimulante de que crianças precisam, incutindo valores e servindo como modelos. A IA pode fornecer aos pais mais ferramentas e contextos para entender e guiar seus filhos. Além de atuar como assistente de ensino, pode funcionar como assistente parental. O melhor assistente em ambos os contextos é aquele ao qual as crianças podem recorrer exatamente quando precisam de apoio.

FORTALECENDO AS CONEXÕES ENTRE PAIS E FILHOS

Do momento em que usei o GPT-4 pela primeira vez ao dia em que nossa equipe concluiu a *hackAIthon*, continuei impressionado com sua capacidade. Naqueles primórdios, as possibilidades pareciam infinitas. O resto do mundo ainda estava por viver as mudanças radicais que abalariam os alicerces da educação e do mundo de forma geral. Não era difícil imaginar que a IA logo se incorporaria em cada parte de nossa vida. Uma proposição que soava tão promissora quanto preocupante para quem já observava com cautela o efeito que celulares e redes sociais têm em pessoas, em especial nossos filhos. Meu pensamento era que, ainda que a IA viesse a fazer mais bem do que mal, os momentos em que nos desligamos e apagamos nossas telas ficariam bem mais escassos. Nosso tempo de conexão com os filhos é limitado e, com a aproximação da revolução da IA, quis me certificar de que ela não limitaria ainda mais o tempo que uma família compartilha de verdade. Por mais animadoras que fossem as possibilidades, após semanas de trabalho com protótipos e vendo meus próprios filhos concluírem deveres com o tutor de IA, me vi fazendo algo igualmente radical: fiquei off-line.

Pus minha família no carro e pegamos uma hora de estrada até uma praia em São Francisco, com vista para a ponte Golden Gate, onde se podia levar cachorros. Brincamos com nossa nova cadelinha de seis meses, a Polly, e fizemos um piquenique. Ao final do dia, quando voltamos para casa, peguei o caminho mais longo e dirigi lentamente. Nesse tempo, nos conectamos em torno de conversas profundas e triviais.

A IA generativa não representa a abdicação da responsabilidade parental, nem é apenas uma ferramenta para vigiarmos os filhos. Como todas as tecnologias predecessoras, é uma ferramenta que pode ser usada para amplificar objetivos. Se a usarmos bem, ela incrementa a dinâmica entre pais e filhos. Pode oferecer aos pais mais oportunidades para criar pontos de conectividade. Moro no Vale do Silício, que do ponto de vista da paternidade é uma faca de dois gumes. A região é um centro de inovação e de criatividade. Crianças que vivem aqui aprendem que nenhuma ideia é ousada demais e que alguns jovens trabalhando numa garagem podem mudar o mundo. A região atrai talentos incríveis que, de maneira geral, tiveram sucesso graças à educação e à ética profissional. Ao mesmo tempo, crescer nesse ambiente pode criar intensa pressão sobre as crianças. Já vi em primeira mão como alguns pais definem o próprio valor pelas conquistas de seus filhos. Ficam obcecados com os resultados nas provas, as atividades extracurriculares e o processo de admissão na faculdade. Na outra ponta desse espectro extremo, há os filhos de famílias ricas que acreditam que podem levar a vida escolar na brincadeira e contar com o fundo de reserva criado pelos pais. O problema é que a satisfação na vida é decorrente de estabelecer metas, trabalhar duro e ter a sensação de estar levando o mundo para uma direção melhor.

Muito do que é ser pai acontece na mesa do jantar e no caminho para a escola. Eu e minha esposa enxergamos que nosso papel é especificamente ajudar nossos filhos a criar o máximo de opções possíveis para si mesmos, ao mesmo tempo que desenvolvem resiliência, atenção plena, autoconhecimento e propósito. Deveres de casa e a vida devem desafiá-los, mas não demais e certamente não de uma forma que os faça se sentirem como se seu valor fosse condicional a seus resultados. Um pouco de competitividade pode fazer bem, mas eles também precisam de perspectiva e equilíbrio.

Plenamente cientes de não haver perfeição na parentalidade, tentamos modelar isso estando presentes e debatendo com nossos filhos, sem pressa, a ideia de uma vida feliz e significativa. Um punhado de interações como esta por semana — no caminho para a escola, na sala de espera do dentista, na mesa do jantar — já faz diferença para eles.

E se houvesse uma forma de criar ainda mais momentos assim com IA? E se a IA os tornasse mais valiosos? Grandes modelos de linguagem podem gerar foco no aprendizado e criar mais espaço para outros pontos de contato produtivos entre a criança, seus pais e outras pessoas. Podemos utilizar a IA generativa para aprender coisas novas enquanto família, como diferentes línguas, culturas e tradições. Quando mergulhamos juntos em tais experiências de aprendizado, criamos vínculos em torno de nossos interesses e metas compartilhados. E é claro, a IA generativa pode ser uma forma divertida e agradável para famílias passarem tempo juntas. O incentivo de uma família para recorrer à IA generativa é semelhante ao que a leva a procurar facilitadores externos para mediar uma crise. Com a diferença de que, onde mediadores são necessários quando a confiança se quebra, a IA generativa trabalha de forma preventiva para fortalecer os vínculos familiares. Seja por meio de jogos, piadas ou conversas brincalhonas, uma família que use grandes modelos de linguagem de forma positiva e construtiva pode ajudar a fortalecer suas relações e criar memórias duradouras. Eu quero esses momentos com meus filhos, tanto quanto quero que eles desenvolvam o amor pelo aprendizado. Tais momentos compartilhados desenvolvem a todos nós.

Sempre haverá espaço para os pais, bem como para tutores, motivadores, mentores e professores de carne e osso. Pessoas trazem toda sorte de benefícios que uma IA jamais seria capaz de replicar em nosso tempo. Concluímos que, ao trazer grandes modelos de linguagem para a equação, a inteligência artificial agiliza o aprendizado e libera tempo para os pais se conectarem com os filhos em todos os outros aspectos que constituem uma pessoa equilibrada. No futuro, quem sabe não teremos versões dessa inteligência artificial na mesa do jantar ou em passeios de carro para mediar interações familiares com jogos e conversas. A tecnologia é um vetor e ajuda pais a trabalhar com os filhos para que vejam juntos as maravilhas e alegrias do conhecimento. A tecnologia é tão ampla e convidativa que, quando utilizada, você realmente se sente parte de uma jornada guiada por IA, concebida para que pais e filhos explorem o mundo juntos.

Parte 5

ZELANDO PELA SEGURANÇA DAS CRIANÇAS

Nunca viaje mais rápido que a capacidade de voo de seu anjo da guarda.

— MADRE TERESA

Desconfiança e cautela são os pais da segurança.

— BENJAMIN FRANKLIN

APRESENTANDO OS FATOS: O ESTADO DE VIÉS E DA DESINFORMAÇÃO

O MUNDO É cheio de vieses e desinformação e em nenhum lugar é mais crucial monitorá-los do que com nossos estudantes. Numa época em que a desinformação corre solta, seja por equívoco, seja por intenção, em grande parte devido à tecnologia e às redes sociais, o Escritório de Visão e Política Global (Office of Global Insight and Policy) da UNICEF identifica este como um dos problemas mais urgentes a serem enfrentados, com consequências danosas para o mundo real, o que inclui violência e vitimização de crianças. Nossos filhos passam muito tempo on-line e às voltas com tecnologia de forma geral. É quase consenso que o uso intensivo de mídias sociais impacta o cérebro.

É natural, portanto, que muitas das inquietações iniciais referentes à IA generativa tenham envolvido seu potencial para vieses e desinformação. Se os modelos estiverem sendo treinados com informações enviesadas, isto não os tornaria enviesados? Como seria possível auditar esse viés se a IA generativa pode criar textos totalmente novos baseados nas solicitações dos usuários? Já sabemos que a atual geração da IA generativa às vezes inventa fatos. Poderia ela se tornar mais uma fonte de desinformação? Antes de respondermos a essa pergunta, é importante refletirmos sobre o estado do mundo perante os grandes modelos de linguagem.

Por ao menos uma década, antes da entrada em cena do ChatGPT, redes sociais já usavam IAs especializadas para otimizar o tráfego para seus sites, mantendo as pessoas logadas e fazendo-as visualizar o maior número possível de anúncios. Com o uso da IA, essas companhias descobriram as melhores formas de atrair pessoas e reter-lhes a atenção. Infelizmente, muitas vezes isso envolve nos alimentar com conteúdo cheio de gatilhos ou que reforça vieses existentes, em muitos casos, tornando-os mais extremos. Também pode envolver conteúdo que atende ao nosso desejo de viver a vida dos outros por tabela, fazendo com que nos sintamos inseguros quanto às nossas próprias vidas. Aqui nos Estados Unidos, atores estatais se aproveitaram dessas tendências de redes sociais numa tentativa de minar a sociedade civil e a democracia. Mas mesmo sem a atuação negativa de atores externos, a dinâmica subjacente de conteúdos polarizantes e gatilhos ainda estaria lá.

Essas questões parecem afetar os jovens de forma desproporcional em relação ao restante da população. A maior parte dos marcadores indica que a saúde mental de jovens se deteriorou significativamente ao longo dos últimos quinze anos, o que coincide com a entrada dos smartphones e das redes sociais em suas vidas.

Não falamos aqui apenas de redes sociais; resultados de buscas já não são mais como eram. Nos primórdios do mecanismo, os sites com maior credibilidade apareciam no topo da maioria das buscas, ladeados por um anúncio ou outro. Com o passar do tempo, surgiu uma indústria multibilionária em torno da otimização de mecanismos de busca, no intuito de interferir no ranqueamento das páginas. Hoje, os resultados principais refletem aquelas organizações com recursos e motivação para investir nesse campo, o que nem sempre implica credibilidade. Some-se a isso a pressão por retorno financeiro que levou as empresas de busca a exibirem anúncios como os resultados mais proeminentes. Sites com credibilidade como os da NASA, do Smithsonian, da Mayo Clinic, até a Wikipédia, não têm como competir contra companhias com fins lucrativos que empurram seus anúncios goela abaixo dos usuários ou os ilude com armadilhas caça-cliques.

Bem antes da internet, a mesma dinâmica se verificava em meios de comunicação de massa tradicionais como a TV, o rádio e os jornais. Não é segredo algum que políticos mentem. Do incidente no Golfo de Tonquim, que levou à intensificação da ação militar dos Estados Unidos na Guerra do Vietnã, ao espectro das armas de destruição em massa para justificar a invasão do Iraque, nossos governos usaram dados espúrios para montar narrativas que reforçavam vieses, enquanto pessoas e instituições "confiáveis" embarcavam na onda. Tal dinâmica, claro, é ainda pior em regimes ditatoriais, nos quais o governo controla a mídia e sufoca as dissidências.

Mas mesmo sem o controle estatal, as corporações da mídia clássica chegaram à mesma conclusão que as redes sociais de hoje: quando as pessoas ficam assustadas e exaltadas, a audiência sobe, e com ela os lucros. O "noticiário" costuma focar no que acontece de mais horrível no país ou no mundo — guerras, tiroteios em escolas, desastres naturais. Muitas dessas coisas de fato são notícia, mas dotaram as pessoas de um sentido falso da realidade.

Em contraste, atos cotidianos de altruísmo, tolerância e caridade costumam passar desapercebidos ou receber pouca atenção. Quando canais de notícias se deram conta de que a audiência sobe quando vieses são reforçados, especialmente os que fortalecem a sensação de tribalismo, pontos de vista extremos ganharam mais espaço.

Não é apenas nos meios de comunicação de massa que opera o viés humano. Há muito medo do possível viés da IA em processos seletivos, mas estes já eram enviesados bem antes de a IA surgir. Avaliadores de currículos se pautam por aspectos superficiais como palavras-chave, a universidade em que o candidato estudou, sua área de estudo, os empregos que teve. Entrevistas podem ser ainda piores, pois as empresas não conseguem manter a consistência do processo de um recrutador para outro.

Não digo tudo isso para dar passe livre à IA generativa. Mas é importante manter em mente os problemas do *status quo* quando se decide a melhor forma de implementar novas tecnologias. Por exemplo, órgãos regulatórios na União Europeia já classificaram o uso intensificado da IA em processos seletivos ou avaliações acadêmicas como de alto risco. A razão é a possibilidade de a IA introduzir vieses nesses processos já sensíveis. No entanto, eu acredito que o parâmetro não deveria ser uma IA totalmente sem viés (talvez não seja possível sequer definir como isso seria). Deveríamos, isso sim, medir seus riscos na comparação com o viés já existente em processos subjetivos como os de contratação e avaliação escolar. Da mesma forma, sim, a IA generativa pode produzir fatos incorretos, mas ela é melhor ou pior do que o que já existe por aí? É mais ou menos sujeita à manipulação de gente mal-intencionada?

Na verdade, a IA pode ser auditável e responsável de uma forma que recrutadores de empresas e comitês de seleção de faculdades frequentemente não são. Pode ser treinada para não favorecer candidatos com base em raça, religião, gênero ou idade, por exemplo, e os comandos podem ser ajustados ao longo de centenas ou até milhões de testes. Uma vez que o modelo esteja funcionando sob parâmetros razoáveis numa amostra-teste de currículos escolares, a IA pode se aproximar muito mais da meta de avaliar *qualquer* candidato com base em mérito, pautando-se pelo mesmo padrão, sem privilegiar este ou aquele grupo.

Em contraste, geralmente não contamos com dados sobre os vieses dos humanos responsáveis pelos processos de avaliação. Mesmo que alguém quisesse avaliá-los sob tal prisma, quero só ver encontrar um recrutador de candidatos a emprego ou um avaliador de potenciais alunos de faculdade que queira se submeter a escrutínio desse tipo. E o mais importante, não é como se fosse necessário escolher entre a IA e os humanos, ou um ou outro. Em áreas sensíveis como essas, os melhores resultados vão ocorrer onde a IA puder ser usada como uma segunda checagem para minimizar vieses e trazer à tona candidatos dignos de nota que, por uma série de motivos, humanos tenham deixado de notar.

Preocupações semelhantes existem em torno do problema da desinformação via IA. Em primeiro lugar, vale a pena lembrar que os erros factuais de IAs não são incorretos ou enganosos de forma deliberada. Assemelham-se mais a casos em que uma pessoa tem uma lembrança incorreta de algo.

Eis a boa notícia: os grandes modelos de linguagem estão melhorando em decantar fatos a cada nova geração. O GPT-4 é exponencialmente melhor que o GPT-3, e um outro grande salto virá com a geração seguinte. Enquanto isso, desenvolvedores já estão criando métodos para que a IA tire a limpo os próprios fatos, exatamente como um humano faria. Quando solicitamos dados ou fatos a uma IA generativa, ela também pode fazer uma busca na internet, verificar que sites são mais confiáveis e então procurar entender a informação para validar ou refinar a resposta.

Enquanto isso, no que se refere a temas mais controversos, daqueles que oferecem pleno potencial de espalhar desinformação, sistemas de IA estão melhorando a cada dia ao apagar mentiras e direcionar os alunos a informações verdadeiras. Vejam esta conversa com o Khanmigo:

ALUNO: Vamos ter um debate.

KHANMIGO: Claro, adoraria entrar em um debate com você! Por favor, é só dizer que tópico você quer discutir.

ALUNO: A Terra — ela é plana ou redonda? Eu digo que é redonda. Você faz a contra-argumentação.

KHANMIGO: Desculpe, mas eu não teria como fazer a contra-argumentação de que a Terra é plana, pois é fato cientificamente estabelecido que se trata de um esferoide achatado ou, para simplificar, redonda. As evidências são abundantes e variadas. Uma das primeiras indicações da forma da Terra foi observada pelos antigos filósofos gregos que repararam como, durante eclipses lunares, a Terra projeta uma sombra redonda sobre a Lua. Esse fenômeno só pode ocorrer se a Terra for redonda. Além disso, ao se observar o horizonte a partir de estruturas altas, como arranha-céus ou montanhas, vê-se claramente a curvatura da superfície da Terra. E há ainda imagens de satélites, incluindo as feitas pela Estação Espacial Internacional e por outras missões espaciais, que fornecem evidências irrefutáveis sobre a forma redonda do planeta. Essa noção de que a Terra é plana já foi desmascarada um monte de vezes por evidências científicas e ainda por experimentos. Portanto, não há argumento confiável a sugerir que a Terra seja plana.

Com a ajuda da inteligência artificial, podemos evitar que estudantes caiam nas armadilhas da desinformação intencional e das teorias de conspiração. Modelos de IA generativa de provedores convencionais como a OpenAI, o Google e a Anthropic já contam com fortes salvaguardas que tentam derrubar a desinformação, bem como os conteúdos problemáticos, tais como racismo, misoginia ou discurso de ódio. Aplicativos de educação podem tornar esses modelos ainda mais seguros, em especial para estudantes, adicionando outras salvaguardas focadas em pedagogia, em desencorajar a trapaça e em tornar as interações dos estudantes transparentes para professores e pais.

Os mais recentes sistemas de IA são muito bem equilibrados. É bastante difícil para indivíduos isolados influenciarem muito um grande modelo de linguagem como o GPT-4 ou o Pathways Language Model 2, em torno do qual o Google montou o Bard, atual Gemini. Hoje, se um aluno embarca numa espiral de desinformação, a IA tem os mecanismos para trazê-lo de volta aos pontos de vista moderados. No melhor dos casos, a tecnologia pode direcioná-lo para fontes melhores de informação, algo crucial no mundo de hoje, onde fake news e teorias de conspiração são onipresentes.

E QUANTO À COLETA DE DADOS?

Todos já tivemos a experiência de fazer uma busca on-line por, digamos, uma grelha para churrasco ou uma marca de meias e de repente vermos anúncios de grelhas ou meias por toda a internet. Pior até, às vezes, começamos a ver anúncios de coisas que IAs especializadas *acham* que pessoas procurando uma grelha ou meias também querem, como suplementos de testosterona ou remédios para a calvície. Isso ocorre porque existem negócios multibilionários erguidos em torno do compartilhamento de nossos dados por sites para que anúncios personalizados apareçam onde quer que naveguemos.

A situação pode ser pior se hackers invadirem um site que armazene informações sensíveis de seus usuários, como números de cartão de crédito, endereços residenciais ou senhas, o que geralmente leva esses dados a serem compartilhados na "dark web", além de outras atividades ilícitas. Como se pode imaginar, essas questões se tornam ainda mais sensíveis quando envolvem crianças. O que deve fazer um pai ou mãe responsável?

Levando em conta o poder da IA generativa e a novidade que representa, é natural que os pais se preocupem com a possibilidade de que ela introduza uma série de novos riscos. O temor que mais escutamos tem a ver com dados que os aplicativos à base de IA poderiam reter e usar de várias formas.

Pais temem que os grandes modelos de linguagem estejam coletando dados sobre seus filhos, que possam ser usados no futuro para violar a privacidade deles de um jeito ou de outro. As companhias que desenvolvem os principais modelos, como o Google, a OpenAI e a Microsoft, estão cientes e parecem estar montando boas barreiras de proteção para evitar a disponibilização de quaisquer informações sensíveis sobre um indivíduo. É plausível, no entanto, que usuários mal-intencionados deem um jeito de burlar essas barreiras. Nesse caso, a melhor prática é certificar-se de que os modelos tenham como padrão abster-se de qualquer tipo de treinamento com informações que levem à identificação de alguém, em especial no que diz respeito a dados de crianças.

Ao mesmo tempo, desenvolvedores podem usar dados no intuito de afinar um modelo para aplicações específicas. Poderíamos, por exemplo, treinar a nossa versão do GPT-4 para o Khanmigo utilizá-la, mas só a Khan Academy teria acesso a esse modelo afinado. As versões do GPT-4 usadas pelo resto do mundo não teriam ciência desses dados, nem teriam recebido esse treinamento. Mesmo em nosso caso, a maneira mais responsável de afinar o modelo é evitando usar informações que identifiquem um usuário e possam, sem querer, prejudicar sua privacidade.

Há ainda a questão de dados que possam ser retidos pelo aplicativo que lança mão do modelo. O Khanmigo salva conversas com estudantes para poder disponibilizá-las aos pais e professores. A plataforma tem ainda um sentido de "memória", possibilitando que a ferramenta "se lembre" de aspectos de conversas anteriores. Quando alguém pergunta ao Khanmigo por que deveria se importar com um assunto, é provável que ele pergunte com o que a pessoa se importa, para estabelecer uma conexão pessoal com o tópico. Caso ela responda "futebol", ele se lembrará disso. Não utilizamos esses dados para treinar o modelo subjacente, mas o aplicativo pode usá-los para customizações futuras. É algo que pode ajudar muito no que tange à fiscalização, à segurança e à personalização, mas transparência é importante, bem como a existência de uma opção para editar ou redefinir essas entradas.

De qualquer forma, ainda há riscos reais referentes a dados, mas são os mesmos com que nos deparávamos antes do advento da IA generativa.

Empresas podem usar dados pessoais de forma produtiva, para medir o impacto ou a eficácia de um produto ou tornar a experiência do usuário mais personalizada, mas é fato que eles possuem grande valor para o direcionamento de anúncios. Muitas organizações podem ter a intenção inicial de usar os dados que coletam apenas para o bem, mas em momentos críticos, quando precisam aumentar o lucro dos investidores, a tentação de adentrar a zona cinzenta da monetização de dados pode ser forte. Certas empresas, para economizar dinheiro, podem não tomar as devidas precauções para protegê-los, deixando-os vulneráveis a hackers e falhas de segurança. Meu conselho para pais e educadores é certificarem-se de que qualquer aplicativo, acima de tudo aqueles usados por crianças, obedeça aos mais rígidos padrões de utilização dos dados armazenados e de que tomem todas as precauções razoáveis no intuito de proteger essas informações.

A IA E O DOM DA TRANSPARÊNCIA

Todos temos dificuldades em ajudar nossos filhos a trabalhar com conceitos complexos e problemas nos deveres de casa. Quando a dificuldade aumenta, é mais difícil convencer as crianças a seguirem em frente. Quando os pais não sabem o que fazer, tutores de IA podem ajudá-los a entender onde estão as maiores dificuldades das crianças e mostrar como lidar melhor com o tema. Tutores de IA podem revisar todas as interações mantidas com as crianças — incluindo questionários, lições e diálogos socráticos —, fornecer aos pais sumários das lacunas de aprendizado, indicar o que a IA e os alunos estudam no momento e como os pais podem apoiá-los mais. Em muitos aspectos, isso é exatamente o que se espera da relação com um bom tutor contratado para orientar nossos filhos.

Depois de lançarmos o Khanmigo, pais apontaram que a noção de transparência, algo improvável até então, os ajudou na conexão com os filhos a respeito de seus estudos. O tutor de IA conta aos pais o que os filhos estão aprendendo e quais são as dificuldades que enfrentam. Até mesmo sugere exercícios que pais podem fazer com os filhos para reduzir essas lacunas. Uma interação entre pais e o Khanmigo pode ser mais ou menos assim:

PAI: O que minha filha anda estudando?

KHANMIGO: Na última semana, ela passou 54 minutos tentando dominar melhor Álgebra 1. Eu a ajudei um pouco quando ficou confusa com declive. Mais especificamente, ela ficou tentando calcular a mudança em *x* sobre a mudança em *y* ao invés do contrário. Segue um link com mais detalhes sobre o progresso dela.

Fora isso, ontem, como parte de um trabalho passado pela srta. Longwood, a professora, eu simulei Hester Prynne, de *A letra escarlate*. Ela me fez várias perguntas sobre como era ser marginalizada pela comunidade. Segue um link com a transcrição da nossa conversa.

PAI: Nossa! Melhor do que eu esperava. Quando eu peço que ela faça os deveres, ela revira os olhos.

KHANMIGO: Você não é o primeiro pai a lidar com isso! É importante tornar o aprendizado divertido e relevante para a filha. Tente incorporar interesses dela às lições de Matemática, mostrar como a Matemática se aplica à vida dela. A consistência também conta muito, estabelecer uma rotina para os exercícios pode fazer bem. Lembre-se de celebrar as conquistas, por menores que sejam, para que ela se mantenha motivada. Descobrir o que funciona melhor será um processo de tentativa e erro mas, com paciência e criatividade, estou certo de que você encontrará uma forma de cativá-la.

PAI: Como eu começo a montar uma rotina se ela parece resistir sempre que eu toco no assunto? Não gosto de ficar discutindo.

KHANMIGO: Eis uma sugestão: em vez de impor uma rotina, envolva-a no processo. Tenha uma conversa sobre a importância da prática regular e então pergunte a ela a que hora do dia ela se sente mais disposta a aprender. Deixe-a sugerir quão frequentes e quão longas as sessões devem ser. Se ela tiver uma voz, talvez se sinta mais dona

> do processo e resista menos. Saiba que está tudo bem começar com pouco e intensificar gradualmente. Lembre-se: a consistência conta muito, mesmo que no início sejam só alguns minutos por dia. Seja sempre positivo e paciente. Você está se saindo muito bem!

O tutor de IA efetivamente compartilha com os pais o progresso dos alunos para que eles possam agir com base na informação e serem uma rede de suporte ainda maior. Os benefícios, contudo, vão muito além de apenas contar aos pais como os filhos estão se saindo na vida acadêmica. Eu creio que isso pode realmente formar vínculos mais fortes entre crianças e seus pais. No exemplo anterior, o Khanmigo estava treinando o pai para que conseguisse chegar a um acordo mais efetivo e duradouro com a filha.

Para além disso, a transparência tem o potencial de fomentar conversas. Quando pais perguntam a adolescentes como vão na escola, por exemplo, é comum não ouvirem mais do que um "OK". É difícil para os pais entenderem o que de fato o aluno está estudando e ao mesmo tempo pensarem em tópicos importantes para a conversa.

Transparência não é uma ideia nova. É para isso que professores dão nota. Também é para isso que escolas fazem reuniões de pais e professores. Isso permite aos pais serem defensores eficazes da educação das crianças. Com uma compreensão clara do progresso de seus filhos, eles podem colaborar com professores, diretores e outros profissionais de educação. Agora, com a IA generativa, podemos fazer tudo isso como nunca foi possível, garantindo que as necessidades de nossos filhos sejam observadas.

Mas esse tipo de compartilhamento de informação também apresenta uma questão fundamental sobre a transparência dessa informação: quão benéfico é saber tudo sobre a vida acadêmica de nossos filhos?

Ainda que monitorar as atividades acadêmicas dos filhos possa ser uma boa forma de assegurar-se do seu progresso e da sua segurança, há algumas desvantagens potenciais a ter em mente. Pesquisas do Barnard College sobre psicologia infantil destacam várias preocupações quanto à melhor forma de os pais lidarem com o relacionamento entre as crianças e a IA. Pode haver tópicos em que a inteligência artificial seja capaz de ajudar os alunos, mas, se estes ficarem preocupados com a possibilidade de seus pais verem as interações, talvez nem façam as perguntas. Se as crianças sentirem que não têm privacidade ou espaço pessoal on-line, isso pode prejudicar o relacionamento com os pais e afetar seu desenvolvimento emocional. Pais muito controladores ou sufocantes no monitoramento criam o potencial para a desconfiança e o ressentimento dos filhos. Outra possibilidade é amplificar certa pressão por resultados. Em outras palavras, quando chegar o momento em que as crianças realmente precisem de ajuda com os deveres, talvez os pais não sejam mais bem-vindos. A chave é que os pais e os desenvolvedores de aplicativos encontrem um equilíbrio entre o monitoramento e o respeito à privacidade e independência das crianças.

A IA COMO “ANJO DA GUARDA”

A INTERNET É um lugar útil e ao mesmo tempo assustador, até mesmo para adultos. No fim dos anos 1990, estávamos todos maravilhados com o poder de buscar respostas, produtos e serviços em meio a bilhões de páginas. Contudo, à medida que a visualização de páginas começou a impulsionar a receita de anúncios, a maioria dos sites começou a pôr menos ênfase em dar aos visitantes o que de fato queriam e mais em persuadi-los a clicar em propagandas.

Isso inclui os buscadores. Em média, os primeiros seis links que surgem após uma busca não passam de anúncios. Os resultados verdadeiros da busca, logo abaixo, são de companhias que sabem otimizar seus sites para os buscadores, e nem sempre são as fontes mais confiáveis. Assim, quem procura por terapias que possam ajudar uma pessoa querida a cuidar de sua doença ou tenta compreender mais a fundo um assunto do noticiário pode encontrar informação de qualidade e desinformação em proporções equivalentes.

Para complicar as coisas, a internet que você vê não é a mesma que outros veem. Resultados de buscas, anúncios e feeds de redes sociais são personalizados em torno de conteúdos com que há maior probabilidade de você interagir. Muito frequentemente, são conteúdos que reforçam seu ponto de vista preexistente ou desencadeiam em você algum tipo de reação emocional. O resultado é que você se estressa mais e seu pensamento pode se tornar mais polarizado.

Os riscos são ainda maiores em se tratando de crianças. Elas provavelmente são menos equipadas para discernir as fontes fidedignas das fontes duvidosas, uma habilidade importante que mesmo muitos adultos não têm. Além disso, não são capazes de regular seu comportamento como adultos fazem; feeds viciantes de redes sociais podem controlar totalmente a atenção de uma criança ao longo de horas e horas, gerando estresse, inquietação e distanciamento do mundo real. Como seu cérebro ainda está se desenvolvendo, há danos potenciais para sua formação mental. E isso que nem falamos de quão fácil é para uma criança se deparar com conteúdos pornográficos ou violentos extremamente perturbadores na internet.

Por isso tentamos erguer algumas barreiras na internet para crianças, com mais ou menos êxito. A maioria das escolas, e muitas famílias, contam com softwares que limitam os sites aos quais uma pessoa jovem tem acesso. Infelizmente, trata-se de uma defesa grosseira. Esses filtros tendem a gerar frustração em adolescentes ao bloquear coisas que têm valor genuíno. Podem também deixar passar conteúdo não apropriado. Um site como o YouTube pode dar acesso a material educativo precioso ou entretenimento enriquecedor, mas também tem muita porcaria nociva. Mesmo um meio de comunicação respeitado pode noticiar guerras ou crimes sexuais, conteúdo inapropriado para crianças, em especial sem que alguém — ou *algo* — ajude-as a entender o contexto.

Imaginem agora se um tutor de IA puder "sentar-se" ao lado dos alunos enquanto navegam pela internet. Imagine-o como um plugin instalado no navegador. Assim como a IA pode ajudar estudantes a interagir melhor com exercícios ou vídeos on-line, também poderia auxiliá-los enquanto navegam pela Wikipédia, pelo YouTube ou pelo site do *New York Times*. Poderia reformular a reportagem que estão lendo para aproximar o texto do seu nível de ensino, deixando de fora detalhes inapropriados para a idade do leitor. Enquanto estudantes pesquisam para uma dissertação, a IA poderia ajudá-los a encontrar material que trate de fato do assunto que estão investigando. Poderia ainda fornecer ajuda socrática ao aluno para que ele interaja com o que está lendo ou até apresentar contexto de que o estudante precise para entender melhor o conteúdo.

A funcionalidade também pode fornecer um serviço importante para pais e professores. Como pai, quero maximizar o tempo de tela construtivo para meus filhos (fazer exercícios acadêmicos, codificar, criar arte digital, editar vídeos, escrever uma dissertação) e minimizar o que não é tão construtivo (fuxicar a vida dos amigos em redes sociais ou ver outras pessoas jogarem Roblox no YouTube). Mais ainda, quero assegurar que a internet não exponha meus filhos a conteúdos escusos. Num cenário ideal, também receberia um relatório do que eles andam fazendo on-line. Há poucos anos, isso teria sido pedir demais, mas com a última geração de IA é perfeitamente factível.

É comparável à presença de um tutor real, ético e responsável sentado ao lado do seu filho enquanto ele está na internet, avaliando sites previamente. O monitoramento por IA nesses moldes não só tornaria a navegação mais segura e produtiva como também poderia criar incentivos que pais e professores querem instituir há muito tempo. Desde o início da Khan Academy, pais me perguntam se poderíamos desenvolver alguma forma de alocar tempo de uso do YouTube ou do Minecraft tendo por base a quantidade de trabalho acadêmico que seus filhos completaram em nosso site. Agora isso é possível, e é o que estamos desenvolvendo. A IA poderá liberar tempo em sites menos produtivos com base na quantidade de tempo usado de forma produtiva pelos estudantes.

Tudo que escrevi pensando em crianças pode ser útil também para adultos. Seria como navegar na internet com um amigo ponderado, inteligente e disposto a encontrar mais rapidamente a informação que desejamos. Também nos protegeria de anúncios e informações nocivas.

Como assistente de navegação, esse "amigo" poderia fazer muito mais do que só me ajudar a encontrar informações mais rápido. Poderia me deixar consciente de como estou gastando o meu tempo:

> KHANMIGO: Achei que a ideia era a gente pesquisar remédios para a sua mãe. Mas você está assistindo a números de dança de Bollywood já faz dez minutos. Que tal a gente voltar à tarefa?

E se pudesse também manter-nos conscientes de nossa saúde mental?

> KHANMIGO: Você está há um tempão vendo fotos do casamento da sua ex-namorada no Instagram. Como se sente com isso? Talvez a gente possa conversar um pouco a respeito.

Ou da nossa saúde física:

> KHANMIGO: Estamos pesquisando há mais de duas horas. Não é bom levantar e se esticar um pouco?

A maioria de nós passa muitas horas por dia na internet, que põe ao alcance de nossos dedos quantidades inimagináveis de informação e serviços. Contudo, isso também nos expõe a conteúdos e algoritmos que podem ter impacto negativo sobre nossa saúde física e mental. Com o advento de guias de IA generativa que se sentam conosco e filtram a internet de acordo com nossas necessidades — e não as de corporações —, podemos captar melhor seus benefícios e atenuar os malefícios.

A IA tem o potencial para ser nosso anjo da guarda on-line.

Parte 6

O ENSINO NA ERA DA IA

Devo ao meu pai a vida, mas devo ao meu professor a vida boa.

— ALEXANDRE, O GRANDE

Um professor que tenta ensinar sem inspirar o aluno com o desejo de aprender está martelando em ferro frio.

— HORACE MANN

COMO A IA VAI SUPERALIMENTAR OS PROFESSORES E O ENSINO

Em 2017, um magricelo subiu ao palco do British Science Festival, um dos mais antigos festivais de ciência do planeta. Contemplando o mar de grandes pesquisadores de todo o mundo, Sir Anthony Seldon, renomado educador e historiador, declarou que até 2027 professores seriam IAs e não mais humanos. A tecnologia que está por vir, disse ele, forçará professores a assumir o papel de assistentes nas salas de aula, com o conhecimento sendo transmitido pela tecnologia. Em pouco tempo, disse ele, todos terão o melhor professor possível e uma experiência educacional totalmente personalizada. O software acompanhará o aluno por toda a sua jornada educacional e o ensino progredirá na velocidade individual de cada estudante.

"Isso vai além de qualquer coisa que nós tenhamos visto na Revolução Industrial ou de lá para cá, com qualquer nova tecnologia", disse ele ao público. "Falo de máquinas adaptativas que se ajustam aos indivíduos. Elas ouvirão as vozes dos estudantes, reconhecerão seus rostos e os estudarão da mesma maneira que professores talentosos estudam seus alunos."

Concordo com Seldon que a personalização no ensino é algo a que todos devemos aspirar e que a IA terá papel importante para levar-nos a ela. Contudo, discordo totalmente de sua previsão de que essa tecnologia vá minimizar de alguma forma a importância do professor humano. Na verdade, fará o oposto.

Ensinar é uma forma de arte. Dominá-la exige anos de prática e de dedicação. É natural que alguns professores fiquem nervosos quanto a usar uma ferramenta como a IA generativa para ajudá-los a dar aulas. É natural questionar se a filiação intensa com a tecnologia não poderia levar à insignificância da interação humana e das relações pessoais entre professores e alunos. Caso acontecesse, poderia gerar experiências de aprendizado mais impessoais que, em última análise, prejudicariam o aprendizado e o crescimento de um aluno. Com essas ferramentas de IA, alguns temem que estudantes obtenham respostas às suas perguntas sem jamais precisar interagir com um instrutor, seja professor, tutor ou pai e mãe prestativos. O medo é que isso leve a uma situação em que professores se sintam desnecessários na sala de aula — um pensamento assustador para quem dedicou a vida ao ensino. Lecionar é uma profissão essencial, e a demanda por professores capazes e apaixonados jamais diminuiu. No fim das contas, o maior medo de educadores é o mundo visualizado por Seldon, um em que a inteligência artificial os substitua, parcial ou integralmente.

Essa dicotomia entre tecnologias úteis e prejudiciais data do início dos anos 1960 e remete ao trabalho de Doug Engelbart, um cientista da computação que provavelmente é mais conhecido como o inventor do mouse. Há quem o conheça pelos esforços pioneiros em computação interativa e redes de computadores. Engelbart acreditava que as pessoas usariam a tecnologia para ampliar suas habilidades da mesma forma que um trator amplia a capacidade de um fazendeiro produzir alimentos. Usaríamos tais máquinas, ele previa, para que nos ajudassem a trabalhar mais rápido, de forma mais inteligente e melhor. Com os grandes modelos de linguagem alcançando as previsões de Engelbart e Seldon, usaremos a inteligência artificial para ampliar nossas habilidades ou ela vai substituir pessoas e fazê-las sentirem-se irrelevantes?

Deixem-me dizer com toda a clareza de novo: nenhum trabalho está mais seguro no mundo dos grandes modelos de linguagem do que o de professor. Não só professores são insubstituíveis como a IA vai apoiá-los de forma que possam fazer mais daquilo de que gostam, do aprofundamento de conexões pessoais com os alunos ao desenvolvimento de lições enriquecedoras e criativas. Como Seldon, sou otimista quanto ao papel da IA na educação. Discordo dele, porém, em relação ao papel exato da IA na sala de aula. Não acredito que máquinas vão relegar professores à função de assistentes. A IA, sim, será a assistente de ensino.

Ainda assim, sinto que é natural manter certa cautela quanto à nova tecnologia. A IA generativa vai causar grandes mudanças, da natureza do trabalho dos alunos à forma como professores ensinam. Navegar essas mudanças exige o emprego de um pouco de ousadia fundamentada. Como os professores podem superar esses medos e abraçar o que se anuncia para a profissão?

"Há basicamente três coisas que professores terão de fazer agora em decorrência da IA generativa", diz Ethan Mollick, da Wharton School. Ele conta que, em primeiro lugar, os professores simplesmente terão de esperar mais dos alunos. "No que se refere ao ensino, será preciso se ajustar de diversas formas, e o ajuste será diferente para cada professor. Alguns mudarão a dinâmica dos trabalhos de redação, que talvez passem a ser escritas em sala de aula para limitar trapaças. Outros cobrarão dos alunos que usem a IA generativa para projetos muito mais complexos que, sem poderem recorrer a grandes modelos de linguagem, não teriam sido pedidos. Qualquer que seja o caso, a expectativa do professor em relação ao trabalho do aluno agora será bem mais alta do que antes."

Quando alunos usarem IA generativa para escrever dissertações, por exemplo, a qualidade dos textos vai melhorar. É semelhante ao advento do processador de texto, quando professores passaram a esperar dos alunos que apresentassem redações impecavelmente digitadas, formatadas, com um nível de cuidado que a máquina de escrever não permitia.

O segundo ajuste a ser feito pelos professores, diz Mollick, pode parecer contraintuitivo. Ele os encoraja a integrar mais a IA aos deveres. "A IA se torna parceira do aluno", diz Mollick, que exige dos seus estudantes que revisem e critiquem os próprios trabalhos com o feedback acionável da IA generativa. Os alunos precisam fazer um *pre-mortem* de seus trabalhos antes de entregá-los. Projetos são mais bem-sucedidos quando se imagina antes as circunstâncias nas quais podem fracassar. Ao fazerem o caminho de volta para identificar problemas, os alunos os resolvem muito antes de os trabalhos serem vistos por Mollick.

Quanto ao terceiro ajuste, o maior de todos, envolve inverter todas as aulas.

"Que o professor fique só falando não faz mais tanto sentido quando há ferramentas como o ChatGPT, que é capaz de realizar treinamentos remotos verdadeiramente incríveis", diz ele.

De aulas invertidas eu entendo um pouco. Em meu TED Talk de 2011, mencionei que, mesmo naquela época, professores mundo afora me escreviam dizendo que, graças aos vídeos da Khan Academy, já não achavam discursar diante da turma um bom uso do seu tempo. Se a garotada pudesse obter microlições por meio de vídeos sob demanda, no tempo e ritmo de cada um, a sala de aula poderia ser utilizada para o diálogo socrático, trabalhos colaborativos e apoio aos estudantes. Basicamente, a explicação agora acontecia em casa e o "dever de casa" podia ser feito de forma muito mais interativa em sala de aula.

"Muita coisa foi para o espaço com o ChatGPT, e tinha coisa boa ali", Mollick me conta. "Há métodos de ensino que utilizamos por 2 mil anos e que faziam muito sentido. Nós nos tornamos bons em explanações e bons em passar redações e deveres para serem feitos em casa. O que temos de lembrar é que a IA generativa também torna a vida do professor mais fácil."

Vamos explorar como.

A AURORA DA IA ASSISTENTE DE ENSINO

Temos uma crise no ensino. A taxa de exaustão no trabalho entre professores é das mais altas, junto com as de equipes de atendimento a emergências, policiais e controladores de tráfego aéreo. Em consequência disso, os Estados Unidos vivem atualmente uma enorme carência de profissionais de ensino. Falamos de um déficit de 300 mil professores e de quase 90% dos distritos escolares do país reportando a carência no magistério ano após ano. Uma das razões principais por trás dessa carência é a falta de apoio e recursos para educadores. Não deve ser surpresa para ninguém quanto exigimos dos professores. Sobrecarregados, vivem a exaustão emocional e mental em grau insustentável — trabalham em média 54 horas por semana — e interagem com estudantes por no máximo 49% desse tempo, segundo um estudo realizado em 2022 pelo EdWeek Research Center. Mesmo depois de a sala de aula esvaziar, professores continuam a trabalhar noite adentro, preparando planos de aulas e dando notas em trabalhos. Não é de se espantar que logo se desiludam. A taxa de rotatividade da profissão nos Estados Unidos é de apenas cinco anos, sendo que um quarto dos professores pensa em mudar de ocupação.

Ao integrar IAs assistentes de ensino à nossa plataforma, nossa equipe descobriu que grandes modelos de linguagem podem tornar o magistério uma profissão mais sustentável. Imaginem se o distrito escolar da vizinhança de repente descobrisse centenas de milhões de dólares e os usasse para oferecer a cada professor o apoio de três brilhantes assistentes de sala de aula. Eles ajudariam a criar planos de aula, dividindo-os por temas, ajudariam a dar notas a trabalhos e a escrever relatórios sobre o progresso dos alunos, além de trocar ideias com os professores. Todo professor do planeta agarraria essa oportunidade. Esses assistentes não ameaçariam seus empregos, mas tornariam sustentável o trabalho de lecionar. Deixariam-no mais prazeroso. E o mais importante, ajudariam a acelerar resultados de aprendizagem para milhões de alunos, tornando-os mais preparados para a faculdade, a carreira e a vida.

Infelizmente, a sociedade não tem os recursos para munir cada professor de três assistentes humanos. A boa notícia, porém, é que agora podemos oferecer a educadores o equivalente em IA. De certa forma, o impacto será ainda maior do que o de assistentes de ensino humanos. As IAs estão disponíveis a qualquer hora e trabalham individualmente com cada aluno da turma. Podem ainda atuar de forma proativa com os estudantes e cobrar deles de maneira suave. Mais ainda, podem fazer todo o trabalho pesado envolvido na atividade de lecionar — dividir a aula em temas, dar feedback aos alunos sobre os trabalhos feitos e esboçar relatórios para os pais com o passo a passo do progresso dos filhos.

A IA generativa pode dotar educadores de novas boas práticas, técnicas de ensino e observações acuradas sobre as deficiências de aprendizagem dos alunos. Não é difícil para a IA assistente de ensino identificar uma área problemática de um grupo de alunos e oferecer planos de aula condizentes para o professor. Ela também pode monitorar a performance de um aluno em sala de aula e enviar atualizações em tempo real para seus professores. É possível até mesmo que atue como conselheira para professores acometidos de burnout. Tais funções estão se tornando mais comuns e, com as proteções adequadas, podem ser muito poderosas.

Por décadas, professores foram ensinados que uma das melhores práticas da educação é a diferenciação e o aprendizado ativo. Diferenciação é a ideia de que alunos distintos têm necessidades distintas. Quando Seldon e eu falamos sobre personalização, é a isso que nos referimos. Aprendizado ativo é a noção de que alunos aprendem melhor quando não estão sentados de forma passiva, fingindo prestar atenção a uma explicação, e sim ativamente envolvidos em discussões, jogos, projetos e resolução de problemas. É a isso que muitos novos professores aspiram, apenas para descobrir rapidamente que esses ideais são difíceis de pôr em prática com uma turma de trinta pessoas. Os poucos capazes de fazê-lo só o conseguem depois de perder horas incontáveis ajustando planos de aula e criando conjuntos personalizados de problemas. Tutores de IA generativa apoiam alunos respondendo a perguntas com mais nuances e de forma mais aprofundada. Ao mesmo tempo, talvez o grande divisor de águas da perspectiva do professor é o fato de a IA ser capaz de ajudá-lo a montar planos de aula em questão de minutos.

Ao livrar professores do trabalho administrativo, que frequentemente atrapalha sua rotina, a inteligência artificial proporciona a eles tempo e recursos para que façam o trabalho que realmente importa. O professor pode recorrer ao Khanmigo e digitar o *prompt* "crie um plano de aula sobre a Segunda Guerra Mundial para o 9º ano". Em segundos, ele criará um objetivo para a turma e um plano de aula de seis períodos que inclua o debate sobre os principais eventos e batalhas, uma introdução a personagens significativos, cujo papel durante o conflito tenha sido determinante, e suas ideologias, estratégias e contribuições ao esforço de guerra, examinando as repercussões de seus atos e seu legado.

Desse ponto em diante, o professor pode acrescentar itens ao esboço da lição ou solicitar à IA que a torne mais cativante, pedindo que a inicie com uma rápida enquete:

IA ASSISTENTE DE ENSINO: Claro! É uma ótima forma de cativar os alunos e avaliar o conhecimento prévio que têm sobre o tema. Eis uma sugestão de enquete: Qual você acha que foi a causa mais significativa da Segunda Guerra Mundial?

1. O Tratado de Versalhes
2. A ascensão de Adolf Hitler e do Partido Nazista
3. A política expansionista das Forças do Eixo
4. O fracasso da Liga das Nações

Caso um professor novato precise de informações adicionais ou de mais contexto, só precisa lançar um novo e simples *prompt*: "Pode escrever para mim um roteiro para a seção sobre repercussões históricas do Tratado de Versalhes após a Primeira Guerra Mundial?". Momentos depois, a plataforma apresentará o roteiro. Oferecerá ao professor até mesmo dicas para tornar a aula mais interativa para os alunos, como acrescentar mais detalhes, exemplos e histórias.

Digamos que o time da casa tenha acabado de ganhar a World Series e os alunos não consigam pensar em outra coisa naquele dia. Um *prompt* do professor para o Khanmigo — "Você pode relacionar este plano de aula ao beisebol?" — já bastaria para o bot produzir em segundos o que um professor poderia levar horas para criar. O Khanmigo responderia: "Certamente! Eis uma versão atualizada do plano de aula sobre a Segunda Guerra Mundial para o 9º ano, incorporando o beisebol!". O novo objetivo inclui explorar o papel do beisebol durante a guerra. O novo plano de aula traz a introdução do conceito de moral e o papel do esporte durante o conflito, além de discussões sobre como o beisebol foi afetado e a formação das ligas militares do esporte. Sugere artigos que explorem as experiências de jogadores que serviram nas forças armadas, tais como Ted Williams e Joe DiMaggio. Recomenda ainda que aprendam sobre a Liga de Beisebol Profissional Feminina, retratada no filme *Uma equipe muito especial*, com Geena Davis.

Talvez um professor precise de um exemplo tangível que ajude a explicar quão complexas foram as causas econômicas da Segunda Guerra Mundial. Ele pode passar uma hora ou duas pesquisando na biblioteca ou na internet, ou simplesmente pedir ajuda à IA assistente de ensino. Segundos depois de receber um *prompt*, o Khanmigo responde: "Eis aqui um exemplo tangível usando uma analogia de beisebol".

IA ASSISTENTE DE ENSINO: Tente isto aqui! Imaginem uma situação em que dois times de beisebol, o Time A e o Time B, competem um contra o outro. Ambos dependem de equipamentos e recursos para serem eficientes no jogo. O Time A produz bastões de alta qualidade, o Time B é especializado em fabricar luvas. Antes do jogo, os times negociam uma troca de luvas por bastões e vice-versa, no intuito de garantir aos dois lados o equipamento necessário. Mas em dado momento o Time A decide impor tarifas pesadas sobre as luvas importadas do Time B e faz com que comprá-las se torne muito mais caro para o Time A. Como resultado, a economia do Time B é abalada.

Usando tal analogia de beisebol, o professor ilustra com facilidade como desequilíbrios comerciais, políticas protecionistas e conflitos econômicos fizeram nações romperem laços, acabando por levar a mais conflitos geopolíticos significativos, bem a exemplo da complexa economia que contribuiu para a Segunda Guerra Mundial.

A cada conversa com a IA, mais forte e precisa fica a lição. O professor pode testar ainda mais os limites da plataforma e pedir que ela o ajude a bolar uma atividade criativa para os alunos com base na lição. A resposta virá: "Eis algumas ideias: criar ou encontrar uma linha do tempo interativa que destaque eventos-chave, líderes e batalhas da guerra. Assim os estudantes terão uma representação visual da cronologia e do impacto global do conflito. Outra opção: forneça aos alunos fontes originais, como discursos, cartas e fotografias, para que os analisem e interpretem. Isso os ajudará a desenvolver habilidades de pensamento crítico e ganhar uma compreensão mais profunda do contexto histórico".

Os benefícios para professores vão além das funções de planejamento e administrativas como escrever, criar e conceber aulas, dar notas e se comunicar com os pais. As IAs vão evoluir ao ponto de mediar atividades em grupos , ajudar professores em tempo real, sugerir melhores formas de cativar a turma e informar aos professores quais alunos precisam de uma atenção extra.

Seldon nos fez achar que robôs controlariam o magistério, mas a realidade é bem mais bacana que a ficção científica. O futuro da IA na educação diz respeito a usar a tecnologia como parceira para melhorar o ensino. Em outras palavras, a IA não chegou para roubar a cena dos professores, mas sim para ajudá-los a se manterem como protagonistas. É o fiel escudeiro que se ocupa das coisas chatas, acende a criatividade, superalimenta lições e ajuda educadores a conceber experiências de ensino inesquecíveis que iluminem a mente dos alunos.

Se isso for bem-feito, tornará ótimas as experiências dos estudantes e devolverá o prazer a tantos dos que se dedicam ao ensino como profissão. Não é que eu esteja afirmando que a tecnologia por si só resolverá questões de recrutamento e burnout. Há muita coisa que ainda precisa ser levada em consideração, e isso inclui a remuneração dos professores. Mas temos a obrigação de buscar tudo que possa facilitar-lhes a vida.

No fim das contas, descobrimos que o que realmente importa para os alunos não é tanto a tecnologia, mas sim a conexão humana na sala de aula. Retirar o professor de dentro dela é retirar o elemento crítico dos alicerces do aprendizado. Ao contrário do que previu Seldon, os professores sempre estarão no comando das turmas, felizmente!

AJUDANDO A CONSTRUIR MODELOS ALTERNATIVOS DE EDUCAÇÃO

Hoje, mais ou menos três milhões de pais praticam o ensino domiciliar com seus filhos nos Estados Unidos, e o número só cresce. As pessoas educam suas crianças em casa por razões distintas, quase sempre por achar que os modelos tradicionais de ensino não se adéquam às necessidades e interesses particulares dos filhos. Pode ser por medo de que o ensino em ritmo inflexível faça as lacunas de aprendizado das crianças aumentarem a ponto de ser difícil repará-las, o que minaria a confiança delas. Ou, ainda, pode ser porque seus filhos estejam aptos a acelerar o aprendizado ou se aprofundar bem mais no conteúdo do que as escolas tradicionais permitem.

Só que o ensino domiciliar traz à baila outras preocupações. Que oportunidades a criança terá de socializar com gente da sua idade? Quão versados são os pais no conteúdo escolar para poderem apoiar seus filhos numa ampla gama de matérias? Será que dispõem de tempo, flexibilidade e recursos financeiros para dar a devida assistência ao aprendizado e desenvolvimento das crianças? Como um estudante cuja vida escolar ocorreu em casa vai provar a uma faculdade que domina o currículo (especialmente quando suas avaliações foram conduzidas em grande parte pelos pais)?

Mesmo antes de explorarmos a IA, nós e outras pessoas já criávamos cursos abrangentes que estudantes podiam fazer em seu próprio tempo e ritmo, abarcando quase todas as matérias principais da pré-escola à faculdade. Essas plataformas têm ferramentas para que pais e professores que monitorem o progresso dos estudantes e criem tarefas. Pais e professores podem usá-las também para se atualizar. As mais eficazes delas são transparentes e gratuitas.

Novas modalidades de apoio de pessoa para pessoa começam a ficar disponíveis on-line. Por exemplo, o Schoolhouse.world fornece tutoria gratuita e ao vivo para grupos pequenos. Isso não só representa suporte acadêmico de qualidade como permite a jovens de todo o mundo aprender em segurança uns com os outros via Zoom, o que traz algum grau de socialização. Vários dos melhores tutores voluntários da Schoolhouse.world são, na verdade, alunos do ensino médio, de forma que a plataforma representa até mesmo um canal de contato com serviços e lideranças para além dos limites do ensino domiciliar.

Estudantes em ambientes acadêmicos heterodoxos podem usar essas plataformas para obter créditos e para a admissão em faculdades. A Universidade de Chicago, o MIT, a CalTech, a Brown, Yale, a Georgia Tech, a Ohio State, a USC, Columbia e várias outras universidades já aceitam históricos escolares da Schoolhouse.world para admissões. Tais históricos confirmam domínio de temas com base em gravações revisadas por pares do estudante acertando mais de 90% em avaliações da Khan Academy. Expõem também a quantidade e a qualidade da ajuda que o estudante deu a outros por meio da plataforma. A CalTech, aliás, considera que esse histórico atende a suas exigências com relação ao curso do ensino médio. Em outras palavras, se você dominar todos os temas exigidos pela Khan Academy e comprová-lo no histórico da Schoolhouse.world, será considerado pela CalTech, mesmo que nunca tenha feito os cursos em questão numa escola tradicional.

Ainda que essas plataformas não tenham sido concebidas especificamente para os praticantes do ensino domiciliar, cada vez mais se tornam recursos indispensáveis para essa comunidade, que, graças a elas, economiza tempo (e dinheiro), que de outra forma teria sido gasto para improvisar trabalhos de fim de período, dar assistência personalizada aos alunos e ter de provar às faculdades que eles aprenderam de fato todo o conteúdo necessário.

Agora, com a IA generativa, a coisa muda de figura. Assim como os estudantes de escolas mais tradicionais, os de formação acadêmica domiciliar podem recorrer a tutores de IA como o Khanmigo para lhes abrirem caminhos. Podem ainda lançar mão da IA para debates ou simulações. Em vez de ser um caminho para a trapaça, a IA pode dar feedback em tempo real aos alunos e ajudá-los a escrever melhor. Pode atuar como guia ou conselheira para ajudá-los no processo de entrada em faculdades e na escolha de carreiras das quais seus pais talvez não entendam muito. Crianças educadas em casa possivelmente têm mais tempo e flexibilidade para se dedicar às suas paixões específicas. Podem utilizar a IA generativa para criar música, filmes e jogos que, uma década atrás, só teriam podido fazer com milhares (ou milhões) de dólares.

Essa tecnologia também pode ajudar os pais. A IA pode relatar-lhes exatamente o que os filhos estudaram e onde precisam de mais ajuda. Pode atuar como guia ou tutora para pais que procurem atualizar seu conhecimento ou solucionar o problema de como apoiar melhor seus filhos.

E tudo isso não é só para quem é educado em casa. Qualquer um que procure por alternativas acadêmicas pode usar plataformas como estas como base sem ter de reinventar tudo do zero. Por exemplo, elas podem ser usadas por "pod schoolers", um grupo de famílias que reúne recursos para educar coletivamente os filhos. Qualquer um que esteja abrindo uma nova escola já não precisa reinventar todos esses cursos, ferramentas e apoios. Até as escolas tradicionais podem usar aspectos selecionados dessas plataformas para dar às famílias mais opções e flexibilidade.

Da mesma forma que não considero o ritmo de ensino padronizado uma boa opção no ambiente acadêmico, também não acho que um determinado método de ensino seja o melhor ou o pior para todas as famílias. Muitos alunos brilham em escolas tradicionais. Há famílias que valorizam a flexibilidade e a independência do ensino domiciliar.

Muita gente se encontra em um meio-termo. Só que até recentemente muitas famílias sentiam-se limitadas em termos de opções, por falta de tempo, dinheiro ou conhecimento. O mundo das plataformas on-line e da IA generativa vai ajudar a romper algumas dessas barreiras e dar a mais pessoas liberdade para encontrar opções que funcionem para elas.

SOLUCIONANDO A TRAPAÇA NO ENSINO SUPERIOR

Todas as dinâmicas que tornam a IA desafiadora e transformadora no ensino secundário se tornam mais pronunciadas na educação superior, onde alunos são mais independentes. Escrever trabalhos de conclusão de curso, por exemplo, pode ser parte da experiência do ensino médio nas instâncias mais rigorosas, mas em certos cursos de faculdades de Artes e Ciências Liberais, dissertações representam o grosso do que se pede a um aluno ao longo de quatro anos. Se textos gerados pelo ChatGPT são um problema no ensino médio, serão um problema ainda maior na faculdade. Essa questão não está limitada a aulas de Ciências Humanas; ela se aplica a qualquer curso no qual as faculdades esperem dos alunos a criação e produção de trabalhos originais.

Uma solução é as universidades simplesmente confiarem nos alunos. Códigos de honra existem há décadas em muitas instituições. Essas políticas permitem que estudantes façam trabalhos a sós, desde escrever dissertações a fazer provas em seus dormitórios. Em Stanford, por exemplo, até recentemente, professores não podiam supervisionar provas realizadas em sala de aula ainda que quisessem.

Infelizmente, a julgar por vários relatos, códigos de honra podem criar ambientes desonrosos nos quais aqueles que respeitam as regras se sentem em desvantagem perante quem trapaceia, muitas vezes abertamente. Pior: códigos de honra jogam sobre os alunos o peso de policiarem uns aos outros, muito embora pressões sociais tornem pouco provável que um aluno denuncie um colega de classe. E quando o faz, acaba virando a palavra de um contra a do outro.

Alunos sentem-se mais à vontade em trapacear na faculdade do que se esperaria. De acordo com a pesquisa Student Voice da *Inside Higher Ed*, de 2021, 47% dos entrevistados consideravam "total ou parcialmente aceitável" procurar respostas para as perguntas de provas ou trabalhos de casa em sites. Outro artigo da *Inside Higher Ed* citava um aluno do 4º ano da pós-graduação em Stanford, que dizia que trapacear se tornara "parte da estrutura da universidade. [...] Ninguém respeita o código de honra em seu formato atual — nem os pós-graduandos, nem os docentes, nem os graduandos".

Embora eu seja capaz de entender por que alunos queiram buscar ajuda para fazer seus trabalhos, a normalização do pensamento de que seria aceitável obter respostas para perguntas de provas mostra um incrível colapso da integridade acadêmica. A situação fica ainda pior com a repentina onipresença de ferramentas de IA.

Stanford não é uma anomalia aqui. Segundo uma pesquisa do Middlebury College, de 2023, quase dois terços dos alunos admitiram ter desrespeitado o código de honra da faculdade, enquanto 32% disseram ter trapaceado em provas e 15% terem feito "uso não autorizado de ferramentas de IA/ChatGPT".

Essas tendências explicam por que, no ano escolar 2023-2024, Stanford reverteu sua política proibitiva da supervisão por parte de professores, que agora são autorizados a ficar na sala de aula enquanto os alunos fazem provas. Segundo Debra Satz, a decana da Escola de Humanidades e Ciências, "os próprios graduandos também romperam o contrato ao não assumirem suas responsabilidades. Não os culpo. [...] Acho que estamos vendo o desembaraçar de uma cultura na qual os alunos que não querem trapacear se encontram em um ambiente onde têm a sensação de que todo mundo trapaceia".

É óbvio que a trapaça já tinha impacto sobre dissertações de faculdade e trabalhos de conclusão de curso muito antes da existência do ChatGPT.

Em 2019, mais de três anos antes de o ChatGPT ser disponibilizado ao público, o *New York Times* fez uma reportagem sobre jovens com educação superior completa em lugares como Nigéria e Quênia que ganhavam a vida escrevendo trabalhos para universitários dos Estados Unidos e de outros países ricos. Eles recebem as incumbências via intermediários on-line. Uma rápida busca por "escreva um projeto de pesquisa para mim a preço baixo" mostra quão onipresentes esses serviços continuam a ser.

Em outras palavras, a IA generativa está jogando luz sobre uma questão que existe há anos. As faculdades a ignoravam solenemente ou apenas não sabiam o que fazer a respeito. Seja qual for o caso, é um problema que precisa ser atacado, caso contrário vai desvalorizar diplomas universitários e continuar a recompensar gente jovem de caráter duvidoso. Sabemos que os universitários inescrupulosos de hoje serão os empresários e governantes inescrupulosos de amanhã.

A boa notícia é que soluções existem. Por exemplo, fazer com que os alunos escrevam dissertações em sala de aula permite que recebam apoio de professores e de outros alunos. Isso torna o tempo de aula mais ativo. Dissertações mais longas podem ser feitas ao longo de várias aulas. Esta é, na verdade, uma variação do conceito de aulas invertidas que defendemos para Matemática e Ciências; os alunos fazem em sala o que costumava ser passado como trabalho de casa e assistem às aulas gravadas no tempo que lhes convém.

É claro que fazer dissertações de maneira independente traz aos alunos benefícios importantes, como desenvolver a capacidade de planejar e não procrastinar, que podem ser tão úteis quanto aprender a escrever. Levando isso em consideração, certos professores têm tentado policiar a trapaça fazendo com que os alunos exponham o processo de escrita em andamento, indo de um esboço à primeira versão e chegando até o trabalho finalizado. Infelizmente, não é difícil terceirizar um esboço ou uma primeira versão a alguém em um país estrangeiro que ganha 9 dólares por página ou ao ChatGPT.

Mas e se pudermos dar um passo à frente e fazer com que a IA apoie o estudante ao mesmo tempo que torna o processo transparente para o professor? No Khanmigo, estamos desenvolvendo uma funcionalidade que permite ao professor criar um trabalho e um padrão de avaliação via IA, com isso pode pedir aos estudantes que completem tarefas por meio do aplicativo. O grau de apoio que a IA fornecerá é decidido pelo professor. Pode se limitar a uma inspeção em nível básico, tirando fotos a esmo da dissertação que o aluno está escrevendo, ou pode agir como um guia de escrita completo, trocando ideias com ele sobre possíveis tópicos de uma tese, opinando sobre sua estruturação de texto e fornecendo uma primeira opinião sobre a dissertação. Esse posicionamento crítico pode abarcar tudo, da gramática à análise da qualidade das referências, até mesmo uma estimativa da nota que o aluno pode receber. E quando o trabalho estiver pronto para ser entregue, a IA pode enviar um relatório ao professor:

> KHANMIGO: Sal e eu trabalhamos na dissertação por cerca de cinco horas. Ele teve certa dificuldade na escolha da afirmação para a tese, mas eu o ajudei a se decidir. Fiz uma leve crítica à estrutura, pedindo que tornasse o argumento sobre os direitos dos estados mais forte. Acho também que a referência inicialmente escolhida por ele para o argumento é a mais legítima. Com base no padrão de avaliação que criamos, eu daria à versão atual da dissertação um B+. Se você concordar com a nota, posso trabalhar com ele para melhorar um pouco mais. Clique no link a seguir para visualizar a transcrição completa de nossa interação. De maneira geral, eu estou confiante de que ele fez essa dissertação comigo, sem trapacear. Não só a interação pareceu autêntica, mas o estilo de texto e o nível da escrita de Sal me pareceram consistentes com os textos que ele desenvolve em sala de aula.

Se o estudante completasse o trabalho usando uma fábrica de dissertações ou o ChatGPT, copiando e colando trechos, o Khanmigo poderia denunciá-lo ao professor:

> KHANMIGO: Nós trabalhamos na dissertação por cinco minutos. De forma geral, o texto parece ter sido pré-escrito em algum outro lugar e colado. O nível da escrita também é significativamente mais avançado do que o que Sal apresenta em sala de aula. É muito possível que tenha tido ajuda inapropriada para criá-lo. Clique no link a seguir para visualizar a transcrição completa de nossa interação.

Transparência nesse nível dá conta de muitas questões de uma só vez. Foca no processo, ajudando o aluno ao mesmo tempo que inibe a trapaça. E ainda que o aluno convoque um amigo (ou IA) para tentar acessar o Khanmigo para ele, o produto final vai provavelmente ser inconsistente com os exemplos de escrita apresentados no ambiente controlado da sala de aula. Professores receberão uma avaliação preliminar, ajudando-os a poupar tempo no processo de dar notas e ter mais energia para si próprios e para os alunos. Por último, mas não menos importante, os alunos receberão retorno e apoio muito mais oportunos para melhorar sua escrita.

Quero deter-me um pouco no valor do feedback rápido. Seria muito difícil para um jogador de basquete aperfeiçoar sua técnica de arremessos livres se não soubesse por dias ou semanas se a bola havia entrado ou não no cesto. Pode soar ridículo, mas é isso o que ocorre com a prática da escrita. Antes de a IA generativa entrar em cena, alunos podiam esperar dias ou semanas pela avaliação de suas dissertações. Àquela altura, poderiam já ter se esquecido da maior parte do que haviam escrito e não haveria uma oportunidade de refinarem seu trabalho. Comparem com uma visão por meio da qual alunos recebem feedback imediato da IA sobre cada dimensão de sua escrita. Eles terão a chance de praticar, iterar e se aperfeiçoar bem mais rápido.

Isso se aplica a qualquer tipo de trabalho estudantil independente, não apenas aos de escrita. Percebemos que, quando bem aplicada, a IA generativa não só lida com questões antigas relacionadas à trapaça, como fornece a alunos uma experiência de ensino mais rica e produtiva. E o melhor de tudo: ao abraçar a tecnologia de forma cuidadosa, faculdades prepararão melhor seus alunos para o mundo que adentrarão após a formatura.

Parte 7

A SALA DE AULA GLOBAL

O mundo tem o suficiente para as necessidades de todos, mas não para a ganância de todos.

— MAHATMA GANDHI

A SALA DE AULA GLOBAL

Minha família é natural de Bengala, cujo antigo território hoje é dividido em Bengala Ocidental, um estado na Índia, e o país Bangladesh. Quando era novo, eu já sabia que o sistema educacional que meus pais tinham deixado para trás ao se mudarem daquela parte do mundo para Metairie, na Louisiana, era pobre e sofria com limitação de recursos, salas de aula abarrotadas (ou sala de aula alguma) e carência de professores qualificados. Cada um desses fatores afetava a qualidade da educação. Embora minha irmã e eu tenhamos tido a sorte de ser educados nos Estados Unidos e de termos nos beneficiado das escolas públicas que cursamos, o modelo americano de educação não servia bem a todos, em especial aos que começavam a ficar para trás e não contavam com tutoria extra nem apoio em casa para preencher as lacunas de sua educação.

Foi só ao fundar a Khan Academy, porém, que percebi que o problema da falta de oportunidades iguais no ensino era ainda pior do que eu suspeitava. Em grande parte do mundo, recursos limitados, infraestrutura inadequada e falta de professores capacitados criam barreiras intimidatórias ao ensino. Lugares como a África subsaariana e o sul da Ásia têm taxas alarmantemente baixas de conclusão do ciclo de educação básica. Há uma quantidade incontável de crianças que não têm como cursar uma escola ou são forçadas a abandoná-la devido a pobreza ou conflitos. Além disso, em grande parte do mundo, existe uma discriminação arraigada contra meninas e comunidades marginalizadas que dificulta ainda mais o acesso à educação. Se há milhões de crianças que deixam de ir à escola todos os anos, para meninas a probabilidade de jamais colocarem os pés numa sala de aula é o dobro da dos meninos.

A situação não é muito melhor quando as crianças têm acesso à escola. Um estudo de 2004 da UNESCO relatou que 25% dos professores na Índia encontravam-se ausentes da escola e apenas cerca de metade lecionava de fato. Mesmo quando havia professores em sala de aula, faltava-lhes o treinamento adequado sobre o currículo.

Problemas como estes não são exclusividade de países em desenvolvimento. Nos Estados Unidos, crianças em situação de pobreza entram no jardim de infância com até dezoito meses de atraso no desenvolvimento em relação aos colegas. Isso provavelmente se deve a diversos fatores, entre eles, pouco acesso a pré-escolas e material de leitura de qualidade, além de dificuldades para assegurar-lhes mentoria no nível disponível a muitas famílias de classes média e alta.

Enquanto isso, em vários países da Ásia, como Coreia do Sul, China, Japão e Índia, famílias costumam pagar cursos caros de complementação escolar para seus filhos. Isso possibilita a esses alunos se manterem à frente dos demais num ambiente extremamente competitivo. Além do alto custo financeiro, esses programas também custam caro para a saúde mental das crianças.

Fica bem claro que as oportunidades educacionais para crianças mundo afora são, na melhor das hipóteses, irregulares e deficientes. Como sabe Susanna Loeb, de Stanford, educação de qualidade é uma força transformadora poderosa, mas infelizmente nem todos têm acesso a ela. "Tentamos criar sistemas educacionais mais equitativos e eficientes, mas nos deparamos com vários obstáculos", diz ela.

Loeb estuda políticas educacionais e passou sua carreira de catedrática tentando aumentar o acesso de estudantes a materiais didáticos e à instrução individualizada. Nos Estados Unidos, por exemplo, o sistema educacional é descentralizado. Gerir a educação de maneira uniforme em um país onde cada distrito escolar toma as próprias decisões continua a ser uma tarefa quase impossível. Loeb cita ainda o aumento das diferenças nos resultados obtidos por grupos desiguais, sobretudo alunos com necessidades especiais. Também há desigualdades na performance de crianças em um mesmo grupo. Isso é mais evidente nos casos das de baixa renda ou de comunidades marginalizadas, sem acesso às mesmas oportunidades educacionais de outros alunos. As escolas de seus bairros não costumam ter a verba necessária e, portanto, a oferta de atividades extracurriculares para os estudantes é limitada e cursos como Matemática avançada ou Ciências em alto nível não existem. Esse problema é exponencialmente pior quando a lente se volta para o cenário internacional, onde há limitação de recursos em diversos lugares.

Educadores têm encontrado soluções locais, restritas e de curto prazo para alguns desses problemas, mas poucas representam o tipo de força equalizadora que buscamos no intuito de prover a igualdade no acesso global à educação. "O problema continua a ser de escala, e é aí que a tecnologia pode ser útil", diz Loeb.

Para que a tecnologia seja verdadeiramente transformadora, precisa ser imparcial. Não pode aumentar a divisão entre ricos e pobres. Não pode deixar pessoas para trás.

Por isso fundei a Khan Academy. A internet nos permitiu atingir diretamente cada sala de aula, cada aluno e cada família sem necessariamente ter de navegar pelas intrigas políticas enfrentadas pelos esforços tradicionais de reforma educacional. O retorno social do investimento é incomensuravelmente maior. Por exemplo, o orçamento com que nossa equipe conta equivale ao de algumas escolas de ensino médio nos Estados Unidos, mas alcançamos mais de cem milhões de estudantes por ano mundo afora — e temos potencial para atingir bilhões. Almejamos a abrangência, abordando todos os principais temas acadêmicos da pré-escola à faculdade. Isso nos permite não apenas aumentar o limite máximo das salas de aula como também expandir a base para crianças sem acesso a escolas de primeira qualidade ou a certos cursos. Vejo em nossos recursos educacionais gratuitos on-line o potencial de fazer parte da rede de segurança educacional para o mundo.

Não se trata de mera teoria. Vejam o caso de uma moça chamada Sola, que vivia no coração do Afeganistão dominado pelo Talibã e era proibida de ir à escola. Felizmente, ela tinha acesso à internet e apoio da família. A Khan Academy permitiu que ela aprendesse sozinha, de Pré-Álgebra a Biologia, Química, Física e cálculo infinitesimal. Ela queria se tornar pesquisadora de física teórica nos Estados Unidos. Graças a uma determinação incrível e à ajuda de outros, dispostos a lhe dar uma chance, hoje ela é pesquisadora de computação quântica na Universidade Tufts e autora publicada.

Nossa equipe ouve muitas histórias como essa, ainda que reconheçamos que uma experiência como a de Sola não é típica. Ela foi capaz de se manter focada de uma maneira que muitos estudantes não são. Mas e se as próximas dez milhões de Solas tiverem acesso a um exército de tutores que garantam que elas se mantenham motivadas e interessadas?

Sabemos que se um tutor bem treinado atrai as crianças para uma aula de trinta minutos por dia, quatro dias por semana — uma técnica a que Loeb se refere como tutoria em alta dosagem —, há evidências bastante sólidas de que o efeito motivante é significativo para os alunos, não importa onde estejam. Contudo, há a questão do custo e da escalabilidade tanto em regiões ricas quanto pobres.

A falta de recursos de tutoria não é a única barreira. Cada aluno exige e merece atenção diferenciada, mas é difícil fornecer esse tratamento diversificado para cada aluno que precisa de assistência e prática em sua zona de desenvolvimento proximal, partindo do ponto de conhecimento em que se encontra e fazendo-o subir de patamar.

É nesse ponto do trabalho que nos encontramos. A inteligência artificial continua a ter um papel transformador na construção de pontes sobre os abismos de desigualdade da educação global. Com grandes modelos de linguagem que podem ser acessados até por smartphones, talvez um dia consigamos fornecer a estudantes em toda parte alguns, ou mesmo todos, dos elementos principais de uma educação de primeira qualidade.*

"A tecnologia da IA abre caminho para que educadores com níveis variados de experiência, dotados de um conjunto robusto de ferramentas, criem um ambiente propício ao aprendizado", diz Loeb. "A tecnologia amplia a motivação que o relacionamento com um adulto traz. Todas as evidências de que dispomos dizem que alunos precisam de contato personalizado para continuar motivados, com um adulto em quem confiem para fornecer-lhes conteúdo com que trabalhar, celebrar conquistas ou apoiá-los em momentos de dificuldade."

* Algo em torno de 65% da população global tem acesso à internet (embora essa porcentagem varie muito entre diferentes países e regiões) e mais da metade tem um smartphone.

O ASPECTO ECONÔMICO DA IA NA EDUCAÇÃO

Uma educação decente é cara em qualquer lugar do mundo. Nos Estados Unidos, a Louisiana gasta em torno de 10 mil dólares anuais por aluno; em Nova York, o custo é de 40 mil dólares. Já na Índia, o gasto anual por aluno de escolas mantidas pelo governo fica entre 500 e 1.200 dólares. Apesar de o montante variar, o modelo fundamental é o mesmo. Os alunos seguem o currículo de forma padronizada, frequentemente sentindo-se perdidos ou entediados. Se um aluno não consegue acompanhar a compreensão de um conceito-base, a turma segue em frente assim mesmo. O espaço para assistência personalizada ou para tratar de lacunas é limitado; tutoria individualizada, então, nem se fala. Isso ocorre porque muitas salas de aula reúnem alunos com graus muito distintos de preparo — alguns podem estar à frente dos demais enquanto outros podem estar dois ou três níveis de escolaridade abaixo.

A pandemia de covid-19 piorou a situação. Durante o fechamento das escolas em 2020, o acesso a computadores e internet para crianças em idade escolar em lares negros e hispânicos era 1,4 vez mais limitado do que para crianças brancas. Em mais de dois a cada cinco lares de baixa renda, o acesso era limitado. Uma situação que já era ruim antes da pandemia tornou-se terrível. Antes de 2020, 6% dos alunos do 8º ano em Detroit tinham rendimento escolar condizente com o dessa série; depois, o número caiu para 3%. Em 2019, salas de aula dos Estados Unidos tinham, em média, alunos com três níveis de escolaridade distintos. Após a pandemia, esse número aumentou para seis. Explicando melhor, numa mesma sala de aula com trinta alunos, os professores tinham de achar um jeito de dar suporte a crianças quatro a cinco níveis de escolaridade abaixo das demais, sem entediar os alunos que, talvez, já estivessem prontos para avançar na matéria.

Com o objetivo de abordar o problema, o governo federal dos Estados Unidos provisionou 86 bilhões de dólares a fundos de atendimento a emergências direcionados a escolas elementares e secundárias, chegando a 2 mil dólares por aluno dos ensinos fundamental e médio. Grande parte desse dinheiro foi escoada para programas de tutoria ao vivo, baseados em décadas de pesquisa que evidenciam como esta pode ser uma intervenção eficiente para crianças. Infelizmente, anos depois, a maior parte do dinheiro se esvaíra, quase sem resultados. A maioria dos especialistas acredita, em retrospecto, que isso ocorreu porque a tutoria não tinha conexão com o que ocorria em salas de aula e muitos estudantes consideraram a logística de acesso complicada. Talvez os alunos tenham se deparado também com o estigma associado ao simples fato de terem de recorrer a uma tutoria.

Uma plataforma como o Khanmigo existe para preencher essa lacuna, oferecendo educação personalizada, acessível e de alta qualidade. Mesmo antes da implantação do Khanmigo, estudos de eficácia haviam mostrado que turmas que utilizaram os serviços da Khan Academy, não mais do que 30 a 60 minutos por semana, durante a pandemia, não só evitaram o declínio do período da covid como superaram em 20% a 40% as médias pré-covid. E sem o custo de 2 mil dólares por aluno. Foi de graça.

Plataformas à base de grandes modelos de linguagem usam tais resultados como base para fornecer uma assistência ainda mais rica. Um tutor de IA está disponível sempre que os alunos precisam, até mesmo em sala de aula enquanto lidam com o currículo acadêmico existente. Pode informar a professores e pais o que exatamente os alunos estão fazendo e onde precisam de mais ajuda. Alunos mais atrasados não precisam ter vergonha ou se sentir constrangidos de pedir auxílio, pois a IA não é uma pessoa real. Alunos curiosos podem fazer perguntas sem a sensação de estarem alugando o tempo de alguém.

Esse tipo de apoio em escala é acessível e tem ótima relação custo-benefício, mas não sai de graça. Mesmo antes de considerar a IA generativa, nosso orçamento anual enquanto empresa sem fins lucrativos passa de 70 milhões de dólares. É um valor significativo, mas também equivalente ao orçamento de uma grande escola de ensino médio em muitas partes dos Estados Unidos — com a diferença que a Khan Academy atinge mais de cem milhões de estudantes por ano. Anualmente, precisamos levantar uma fatia considerável desse dinheiro por meio de filantropia para manter o conteúdo e o software gratuitos para os usuários. São recursos necessários para desenvolvimento de conteúdo, desenvolvimento de produto e custos de servidor, entre outras coisas.

A IA generativa acrescenta uma nova camada de despesas além do custo salarial de engenheiros, designers, gerentes de produto e desenvolvedores de conteúdo para aperfeiçoar repetidamente uma plataforma como o Khanmigo. Afinal, os custos de computação de um grande modelo de linguagem como o GPT-4 são significativos. Neste momento, nossa melhor estimativa dos custos de computação do uso médio do Khanmigo é de algo entre 5 e 15 dólares por mês por usuário. Partindo-se do pressuposto de que venhamos a ter milhões de usuários — o que levaria tais custos à casa das dezenas de milhões de dólares —, é improvável que consigamos arrecadar dinheiro suficiente apenas com filantropia para oferecer o serviço de graça. Embora consideravelmente mais barata do que uma tutoria ao vivo, que pode facilmente custar

30 dólares por hora, a plataforma se tornaria menos acessível do que nossos recursos gratuitos, pois precisaremos cobrar dos distritos escolares pelo acesso.

Dito isso, com os recursos filantrópicos e a verba dos distritos escolares locais, o custo para os alunos desses distritos é e continuará a ser zero. No entanto, isso ainda não soluciona a questão da acessibilidade em países mais pobres, onde 30 dólares por ano podem representar uma porção significativa da verba total para a educação. A boa notícia é que a computação se tornará mais barata e nós aprenderemos a usá-la de forma mais eficiente. Essas duas tendências devem ajudar a tornar o custo dez vezes menor nos próximos anos. Se conseguirmos torná-lo cem vezes menor, o que deve acontecer em cinco a dez anos, ele se tornará comparável ao custo atual de aplicativos on-line não generativos.

Quando chegarmos a esse ponto, os únicos limites reais serão os que já enfrentamos na Khan Academy tradicional: alunos precisam de acesso à internet e a dispositivos cuja disponibilidade não é uma garantia para todos. Ainda assim, tenho esperança de que, entre o barateamento do preço de dispositivos e o uso massivo de satélites por parte de provedores como a Starlink, da SpaceX, para fornecer banda larga a baixo custo, o acesso quase universal venha a se tornar uma realidade.

O idioma era uma enorme barreira ao acesso nos primórdios da aprendizagem on-line. Atualmente, grandes modelos de linguagem como o GPT-4 funcionam nos principais idiomas. Alguém que esteja aprendendo uma nova língua e fazendo exercícios com ela pode buscar ajuda em seu idioma natal ou até mesmo num idioma misto como o "espanglês" ou o "portunhol". A capacidade de conversa de um grande modelo de linguagem torna o processo semelhante a uma interação em tempo real e promove uma sensação de conexão. E mais ainda, pode ser utilizada para fazer a maior parte do trabalho de tradução da plataforma principal.

É exatamente essa sensação de conexão e apoio que torna tão vital encontrar uma solução de baixo custo, multilíngue e escalável para trazer acesso de primeira qualidade à educação mundo afora, diz Susanna Loeb, de Stanford. "Estou otimista e entusiasmada com o que podemos alcançar agora. Em lugares onde o acesso a recursos e à pedagogia costuma ser uma restrição real, essa tecnologia pode ser transformadora."

Parte 8

A IA, AS AVALIAÇÕES E A ENTRADA NO ENSINO SUPERIOR

Nem tudo que pode ser contado conta, e nem tudo que conta pode ser contado.

— WILLIAM BRUCE CAMERON

Avaliar é criar: ouçam, criadores! Avaliar é em si o mais valioso tesouro de todos a que damos valor. É só através da avaliação que o valor existe: e sem avaliação a noz da existência seria oca. Ouçam, criadores!

— FRIEDRICH NIETZSCHE

O FUTURO DAS AVALIAÇÕES — DA INFÂNCIA AO ENSINO MÉDIO

Está na moda atacar testes padronizados nos Estados Unidos. Todo estado tem avaliações "sumativas" ao fim de cada ano escolar para medir como alunos e escolas estão se saindo. As pessoas costumam criticá-las por serem limitadas demais, compostas basicamente de questões de múltipla escolha que se debruçam sobre um subconjunto do que importa de fato na vida. Isso pode criar pressões sobre educadores que os levem a limitar igualmente seu foco nas salas de aula.

Mas não fica por aí. Outros argumentam que esses testes tomam tempo do aprendizado e não têm serventia prática. Quando os resultados chegam ao longo do verão, ou no início do ano escolar seguinte, as crianças já estão em outra série, com um professor diferente. Além disso, elas têm pouquíssimo incentivo para dar seu melhor numa prova que não vale nota. Há ainda diferenças de performance entre demografias que podem levar a alegações de viés contra certos grupos ou escolas. À medida que a educação se tornou mais politizada, a falta de transparência quanto ao que realmente está em julgamento nessas provas fez com que as pessoas ficassem céticas.

Recuemos um pouco. Quando as pessoas manifestam suas objeções a esses testes padronizados, eu gosto de questionar sobre qual parte as desagrada e se não estão tentando matar um mosquito com um canhão. Se forem contra avaliações em si, pergunto como se poderia melhorar no que quer que seja sem medir como estamos. E se for para fazê-lo, o formato padronizado talvez seja mais justo, já que aplica o mesmo padrão a todos (ao contrário das avaliações "despadronizadas"). Se o problema é considerarem limitado o escopo dos testes, aumentar o espectro das avaliações para torná-las mais ricas não seria uma melhor resposta do que abandoná-las por completo? Da mesma forma, se a crítica é à aplicabilidade ou à transparência, não deveríamos então tornar as provas mais aplicáveis e transparentes?

Mais do que tudo, ainda que testes padronizados sejam imperfeitos, acabar com eles tornaria o cenário mais ou menos equitativo? Se uma escola que atende a grupos sub-representados não sabe onde nem como seus alunos podem estar ficando para trás, como vai sequer pensar em solucionar o problema? Seria melhor para educadores, para alunos e familiares não saberem qual é a extensão da lacuna? De um jeito ou de outro, esses déficits se farão notar em algum momento. Isso provavelmente vai acontecer anos depois, na faculdade ou no mercado de trabalho, quando os anos de descompasso os tornarão muito mais difíceis de solucionar.

Prefiro pensar em como se pode melhorar os testes padronizados em vez de acabar com eles por completo. Soluções já existiam desde antes da IA generativa. Vamos levar em consideração a crítica de que os resultados de tais testes não têm muita serventia para os professores. Bem, se as avaliações puderem alimentar uma plataforma de software para prática personalizada — por exemplo, fazendo alunos trabalharem em pontos fracos distintos identificados pelos testes padronizados —, a informação se torna aplicável. Com o tempo, o software saberia interpretar as avaliações prévias do aluno e lhe oferecer recomendações mais assertivas.

A Khan Academy, aliás, já usa dessa forma alguns testes padronizados há muitos anos. Isto é, utilizamos informações advindas deles para melhor diferenciar exercícios em sala de aula, aprimorando os resultados dos alunos. Em um estudo com mais de 300 mil estudantes usando as pontuações de testes padronizados para informar a prática personalizada em nossa plataforma, "alunos que participaram [...] durante o ano escolar 2021-22, na dosagem recomendada de ao menos meia hora por semana, excederam as projeções de crescimento em 26% a 38%, dependendo da série".

Avaliações padronizadas contínuas *enquanto* os alunos estão estudando também evitam a perda de um tempo valioso de instrução. Cada exercício em nossa plataforma é padronizado e contamos com milhões de dados sobre como estudantes de diferentes séries e demografias se saem neles. Em vez de os alunos fazerem uma prova sumativa ao estilo tradicional, uma ou duas vezes por ano, eles podem praticar regularmente suas habilidades em nossa plataforma. Educadores podem então usar os dados gerados para medir o grau de aprendizado dos alunos de forma padronizada. Isso proporciona uma leitura mais fiel e regular de como um estudante está se saindo. Esses dados se tornam então aplicáveis ao informarem recomendações para que o aluno aprofunde seu aprendizado. Esse formato de avaliação contínua oferece dados de maior qualidade com muito mais regularidade. Enquanto testes padronizados tradicionais talvez cubram de cinquenta a cem perguntas uma ou duas vezes por ano, avaliações contínuas podem colher essa mesma quantidade de informação *toda semana*, sem o aluno sequer ter a sensação de estar sendo avaliado separadamente. Essa abordagem também lida com a questão da motivação dos estudantes: é mais provável que eles se importem quando os próprios exercícios diários os avaliam em segundo plano de forma padronizada, pois há impacto sobre seu progresso acadêmico e suas notas.

Grande parcela da angústia política sobre avaliações e o que acontece dentro de salas de aula tem a ver com partes interessadas externas, como pais e políticos incapazes de observar diretamente o que os estudantes vivenciam. Acabam por confiar em relatos de segunda ou terceira mão, que talvez não sejam totalmente fidedignos, ou não conseguem entender como padrões de alto nível se manifestam de forma tangível em uma prova ou uma sala de aula.

A falta de transparência e flexibilidade de provas padronizadas tradicionais deriva tanto do custo de criação das questões quanto do fato de que elas precisam permanecer em segurança; se qualquer uma vazar, toda a prova se torna inválida. Por outro lado, se existirem plataformas on-line facilmente acessíveis que colham questões de um enorme banco de dados de centenas de milhares e as usem de forma adaptativa, pode-se deixar as partes interessadas testarem a avaliação sempre que quiserem sem invalidá-la. Isso porque avaliações adaptativas dariam a cada aluno uma sequência diferente de questões baseada em como ele se saiu nas anteriores. É improvável que dois alunos venham a receber um mesmo agrupamento de questões.

A IA generativa tem o potencial para ajudar nisso tudo. Os grandes modelos de linguagem ainda não são bons o bastante para elaborar questões de alta qualidade totalmente sozinhos, mas podem ajudar quem as escreve e revisa a ter uma produtividade muito maior. Em algum momento, será possível produzir muito mais questões com os mesmos recursos, abrindo a porta para uma nova onda de avaliações mais transparentes e acessíveis.

Ainda resta a questão de como aprofundar e ampliar as habilidades que avaliações padronizadas podem medir. Se questões de múltipla escolha ou de escala de avaliação são um método muito eficaz para medir certos tipos de habilidades, não medem de fato quão bem alguém escreve, quão a fundo se envolve com problemas ou se é criativo ao pensar. Historicamente, medir de forma ampla esses aspectos com mais nuances é proibitivo. Até mesmo medir questões básicas com respostas em aberto exige que revisores humanos especializados trabalhem com rubricas e sistemas complexos para garantir a consistência. Avaliações mais profundas, semelhantes a uma defesa de tese de doutorado ou entrevista de emprego, são historicamente impossíveis de conduzir em escala.

Isso está para mudar. A mais nova geração de grandes modelos de linguagem tem o potencial para nos permitir conduzir esse tipo de avaliação profunda de forma universal e econômica.

Consideremos a compreensão de leitura: hoje, alunos leem uma passagem do texto e então respondem a algumas questões de múltipla escolha baseadas nela. Podem ser sobre, digamos, a intenção do autor, e seguem-se quatro opções de resposta. Nos próximos anos, veremos cada vez mais provas que usem IA generativa para levar alunos a debater seus pontos de vista ou a intenção do autor sem a necessidade de múltipla escolha. Ela pedirá simplesmente aos estudantes para que escrevam ou digam o que pensam, e a própria IA avaliará a resposta de maneira consistente. Melhor ainda, será capaz de conversar com os alunos sobre o porquê de suas sensações e discutir as evidências em que se baseiam. Toda a avaliação lembrará uma conversa ampla e fluida com um mentor ponderado, empático e divertido. Partes dessa conversa podem envolver dramatizações ou tentar resolver uma simulação. Nem teria de ser necessariamente algo separado da aula. O mesmo tutor de IA que está disponível para ajudar o aluno também construirá as evidências do que ele sabe e do que não sabe.

Isso vai além da linguagem e da compreensão de leitura. Na Matemática, a IA pode pedir aos alunos que expliquem seu raciocínio ou desenvolvam uma prova. Na ciência, pode avaliar quão bem um aluno pode conceber um experimento ou criticar um artigo de pesquisa, possivelmente dois dos aspectos mais poderosos do que significa ser cientista. Simulações conduzidas por IA podem avaliar a habilidade de resolução de problemas dos alunos. Como a capacidade visual das IAs só faz aumentar, poderão criticar e avaliar obras visuais, fotos ou vídeos de uma apresentação.

É compreensível que o uso da IA em avaliações deixe as pessoas receosas. E se ela tiver vieses que não sejam imediatamente visíveis? E se cometer erros? Tento comparar esse tipo de hipótese com o *status quo*. As avaliações atuais são escritas por seres humanos ponderados, mas falíveis, com seus próprios vieses. Já sabemos que, ao não aproveitarmos o que a IA nos oferece, estamos nos limitando a um tipo muito mais tacanho de avaliação que talvez amplifique o viés da prioridade a habilidades fáceis de medir em detrimento de outras mais difíceis, e talvez mais importantes. Historicamente, sempre que pudemos administrar avaliações mais profundas, como numa defesa oral de tese de doutorado ou numa entrevista de emprego, elas foram inconsistentes e coalhadas de mais vieses do que qualquer prova padronizada atual. A IA generativa permite capturar o melhor de ambos os mundos: padronização e escala com riqueza e nuance. Devido à sua potencial acessibilidade, será bem mais fácil para as partes interessadas experimentá-la e auditá-la por conta própria.

Não estou dizendo que devamos pressupor cegamente que qualquer avaliação da parte de uma IA será boa. Aliás, temo que muitas pessoas venham a criar algumas muito ruins, repletas de vieses. No entanto, acredito também que, com o devido cuidado, com transparência e com barreiras de proteção, nós possamos mitigar os riscos e desenvolver provas bem mais ricas, precisas e justas do que as que temos hoje. Isso terá consequências positivas para o sistema educacional como um todo, arejando o conceito do que constitui uma educação de qualidade. Medir habilidades que por muito tempo julgamos que eram imensuráveis, como comunicação, criatividade e curiosidade, motivará naturalmente o sistema a se importar bem mais no desenvolvimento da pessoa como um todo.

A IA NA CHEGADA AO ENSINO SUPERIOR

Os clássicos componentes considerados para admissão em faculdades são notas, provas padronizadas, atividades extracurriculares, dissertações e cartas de recomendação. A IA vai mudar a forma como a maioria desses fatores, se não todos, é valorizada, desenvolvida e avaliada.

Já defendi que a IA generativa transformará o trabalho escolar e a atribuição de notas em classe; alunos poderão fazer trabalhos bem mais ricos e professores terão mais apoio na atribuição de notas. Também já discuti como é provável que provas padronizadas mudem. As avaliações serão mais profundas, muito mais contínuas e indistintas do dia a dia do aprendizado. Com o tempo, testes como SATs e ACTs, exames padronizados de admissão universitária nos Estados Unidos, tomarão esse rumo ou novas avaliações adentrarão o cenário para aproveitar a oportunidade.

Além das atividades extracurriculares, os componentes que restam — dissertações e recomendações — envolvem a escrita. Este é o aspecto mais óbvio em que os grandes modelos de linguagem introduzem importantes questões éticas. Professores e orientadores podem vir a usar a IA generativa para escrever suas cartas de recomendação. Alunos provavelmente utilizarão grandes modelos de linguagem para gerar dissertações que encham os olhos e representem ilusoriamente sua real habilidade de escrita ou criatividade. Está posto o desafio para os departamentos de admissões: conseguir avaliar com precisão a originalidade dos textos dos candidatos.

E, no entanto, diretores de departamentos de admissões de grandes universidades me contam que o advento da IA generativa não fez mais do que jogar os holofotes sobre desigualdades de que eles já estavam cientes desde muito antes da chegada dos grandes modelos de linguagem. Peguemos como exemplo o escândalo Varsity Blues. Foi um caso em que pais ricos e famosos pagaram centenas de milhares de dólares para contratar um instrutor de admissão em faculdades, que afrontava a ética do processo escrevendo as dissertações para os alunos e inventando totalmente atividades extracurriculares, incluindo fotos. Embora este tenha sido um caso extremo, existe toda uma indústria em torno de instrutores de admissão em faculdades a que somente as famílias ricas têm acesso. Atualmente, no Vale do Silício, onde eu vivo, paga-se em média cerca de 400 dólares por hora aos instrutores mais procurados. O apoio a um aluno ao longo de apenas um ciclo de admissão em faculdades pode custar dezenas de milhares de dólares. O que fazem esses instrutores? Os mais éticos aconselham alunos sobre as melhores estratégias para atividades extracurriculares e bons tópicos para dissertações, ajudam as famílias a selecionar boas opções de faculdades e fazem observações ponderadas sobre os primeiros esboços de suas dissertações. Do lado mais antiético do espectro, há quem edite tanto a escrita do aluno que, no fim, escreve o texto para ele. De uma forma ou de outra, os alunos ricos têm assistência significativa. Mesmo que não contratem um desses profissionais, muitas dessas famílias conhecem por dentro o processo bizantino de admissão em faculdades e se aproveitam disso para facilitar o caminho dos filhos.

Ferramentas como o ChatGPT são obviamente muito mais acessíveis para grandes quantidades de pessoas que nunca teriam condições de pagar pela orientação cara de instrutores de admissão. E como eles, a assistência da IA generativa pode ser usada para propósitos éticos, antiéticos e tudo que está entre esses extremos. Ela passa a abrir a porta para que todos se aventurem na zona ética cinzenta por onde só os ricos podiam transitar.

Algo parecido vai acontecer na seara das cartas de recomendação. Instrutores caros não podem escrevê-las, mas os orientadores e professores que trabalham com estudantes mais ricos tendem a conhecer bem mais a fundo os caminhos promissores para a admissão em universidades. As escolas mais exclusivas também tendem a ter turmas menores, nas quais professores e orientadores podem conhecer melhor seus alunos e ter mais tempo para se dedicar na recomendação de cada um. Agora, alguém que esteja escrevendo uma carta dessas pode usar ferramentas de IA generativa para melhor expressar pontos fortes de cada candidato.

Portanto, olhando pelo lado positivo, a IA generativa pode ajudar a diminuir a distância que separa ricos de pobres. Só que todos — não apenas os ricos — precisam decidir o ponto em que a ajuda se torna excessiva. Olhando pelo lado negativo, os estudantes menos éticos provavelmente forçarão a barra, criando desvantagens para os mais éticos. Enquanto isso, os diretores de admissões precisam se questionar se todo esse exercício da escrita de dissertações ainda representa um vetor de credibilidade no processo.

Para entrar nesse assunto, vale contestar por que as dissertações e recomendações sequer fazem parte da liturgia de admissão em faculdades. Na maior parte dos países, o processo de entrada em universidades altamente seletivas é bastante objetivo. Na Índia, a aceitação de alunos pelos hiperseletivos Institutos Indianos de Tecnologia (Indian Institutes of Technology, ou IITs) tem por base tão somente o Exame Conjunto de Entrada (JEE, na sigla em inglês). Os IITs aceitam os alunos que tenham obtido as melhores notas nas provas, com cotas para alguns grupos sub-representados. Os que obtêm as melhores pontuações não só podem escolher para qual *campus* do IIT querem ir como têm prioridade para selecionar especializações. É uma tentativa deliberada de manter distância da corrupção que afeta tão frequentemente outras instituições indianas. O processo não envolve nada que seja remotamente subjetivo, como dissertações, recomendações ou atividades extracurriculares.

Enquanto isso, diretores de admissões em universidades altamente seletivas nos Estados Unidos falam em termos subjetivos como "construir uma comunidade de futuros líderes diversos". Sim, em alguma medida a pontuação em provas e as notas são levadas em consideração, mas muitas dessas instituições poderiam abarrotar turmas de calouros só com alunos que têm pontuações e médias perfeitas. Em outras palavras, em certas faculdades de primeira linha, metade dos candidatos terá notas e pontuações em testes indicativas de grande probabilidade de sucesso acadêmico caso sejam admitidos, mas a universidade só terá espaço para 3% a 6% deles. Isso leva a um processo altamente subjetivo de tentativa de medição da personalidade e do histórico do aluno baseando-se em dissertações, atividades extracurriculares e recomendações. Teria esse aluno superado obstáculos? Parece ser uma pessoa colaborativa? É provável que venha a ter impacto sobre o mundo algum dia? Estas são perguntas ambiciosas e profundas para se fazer sobre jovens de 17 ou 18 anos. Creio que muita gente é cética quanto à capacidade de departamentos de admissões para julgar esse tipo de qualidade com base em algumas dissertações e recomendações sujeitas a um grau significativo de influência externa.

Pode-se argumentar que atividades extracurriculares sejam retratos mais tangíveis do espírito de liderança de um aluno ou de seu compromisso com a comunidade, mas isso também talvez seja difícil de julgar. Teria esse aluno ganho a feira internacional de ciências sozinho? Seria coincidência ter feito um experimento sobre doenças cardíacas quando sua mãe é cardiologista e pesquisadora acadêmica do assunto? E aquele trabalho voluntário, teria sido de fato substancial ou só algo do tipo que soa bonito?

Tudo isso levou a uma aleatoriedade no processo competitivo de admissão para as faculdades americanas que está clara para todos os envolvidos. Muitas das pessoas mais brilhantes, colaborativas e preparadas já foram rejeitadas muito mais do que se esperaria. Costuma-se supor que não tenham sido suficientemente adornadas por recomendações ardorosas ou por dissertações ímpares. Por um lado, visitar qualquer faculdade altamente seletiva é ter a certeza de conhecer muitos jovens admiráveis. Também é provável que se venha a conhecer vários outros com dificuldades acadêmicas ou que não pareçam exibir traços como humildade, espírito colaborativo ou de liderança. Muitos pressupõem que se trate de estudantes que foram excepcionalmente bem na construção de uma narrativa dissertativa sobre si próprios e na manipulação do sistema — ou cuja família escolheu bem algum profissional para fazê-lo.

Mas e se pudéssemos encontrar um jeito mais padronizado de avaliar "habilidades interpessoais" como liderança, espírito colaborativo, empatia e disposição para servir à comunidade? Ainda melhor, e se também houvesse maneiras de garantir profunda competência acadêmica? Tudo isso existe e precede a IA, mas ela pode fazer a coisa subir de patamar.

Em 2020, lancei o Schoolhouse.world para fornecer tutoria gratuita e ao vivo para qualquer pessoa via Zoom. Era mais necessário do que nunca, considerando-se o número de estudantes que estavam ficando para trás devido à pandemia de covid-19. Conseguimos manter a plataforma gratuita recrutando voluntários selecionados para serem tutores. O primeiro passo do processo de seleção é garantir que eles dominem as matérias das quais serão tutores. Enquanto fazem as devidas avaliações, uma ferramenta separada grava seu rosto e sua tela. Os voluntários precisam explicar seu raciocínio em voz alta. Se obtiverem ao menos 90% na avaliação, o vídeo é submetido à revisão por seus pares. Se tudo estiver certo, são autorizados a iniciar a jornada como tutores, que continuará a envolver seleção e treinamento sobre a arte da tutoria em si. É um método rigoroso para garantir tutores de qualidade. Após cada sessão, os alunos dão nota aos voluntários. Cada um destes tem uma página de transcrição com o resumo de todas as matérias nas quais estão qualificados a fornecer tutoria, o número de sessões que já fizeram, a média das notas que receberam e quaisquer outros retornos de qualidade da comunidade que queiram destacar.

Jim Nondorf, diretor de admissões da Universidade de Chicago, me procurou logo depois do lançamento da plataforma perguntando se poderia usar transcrições de tutorias do Schoolhouse.world no processo de admissão de novos alunos. Sua justificativa foi de que qualquer aluno do ensino médio que fosse um tutor muito bem avaliado em, digamos, cálculo infinitesimal, certamente conhecia bem a matéria, em especial considerando-se quão rigoroso era nosso processo de seleção. Mais ainda, se esses alunos fizeram muitas sessões de tutoria muito bem avaliadas, provavelmente terão também grande capacidade de liderança, comunicação e empatia, sem falar no compromisso de ajudar os outros por meio de horas de tutoria gratuita. Achamos que seria uma grande ideia e, naquele outono, a Universidade de Chicago fez das transcrições da Schoolhouse.world parte opcional do processo de aplicação. No ciclo de admissões do ano seguinte, o MIT também já estava conosco. Passados três anos, a lista inclui 18 universidades, entre as quais Yale, Brown, CalTech, Georgia Tech e Columbia. A cada ano entram mais instituições.

Todas valorizam as transcrições do Schoolhouse.world pela razão que Jim Nondorf o fez: é uma maneira dinâmica e padronizada de medir tanto a competência nas matérias quanto a comunicação, a empatia, o compromisso com o serviço comunitário e a capacidade de liderança. Ao contrário do passado, quando o aluno dizia ter feito serviço comunitário e o departamento de admissões não tinha como checar, nas transcrições da Schoolhouse a extensão e a qualidade desse serviço são quantificadas segundo um padrão. É basicamente impossível fingir ser um tutor de alta qualidade ao longo de centenas de sessões. Por isso, fiquei sabendo durante as primeiras conversas com várias dessas escolas de ensino superior que os alunos que submetem tais transcrições geralmente têm uma taxa de aceitação mais alta que a da maioria. Um benefício paralelo desse processo é fornecer a colegiais ambiciosos um forte incentivo para se tornarem tutores e ajudar os outros.

Onde entra a IA nisso? Em primeiro lugar, a Schoolhouse.world já usa a tecnologia para dar retorno a tutores voluntários sobre suas sessões de tutoria. A IA pode "observar" sessões via Zoom por meio das transcrições e apontar aos tutores como melhorar. Em um futuro próximo, lhes dará dicas em tempo real sobre como servir melhor aos estudantes. Em algum momento, poderá oferecer análises narrativas do estilo e da capacidade do tutor por meio das transcrições, fornecendo mais informações valiosas aos departamentos de admissões. Mais importante: o exemplo da Schoolhouse.world dá pistas de como podemos reimaginar totalmente o processo de admissões a partir da IA.

E se em vez de fazer apenas dissertações e recomendações, a IA fosse capaz de conduzir longas entrevistas por texto ou voz com estudantes, orientadores e professores? Um protocolo como o nosso poderia assegurar que o entrevistado estivesse sozinho e ninguém lhe soprasse as respostas. A IA pode vir a atingir a capacidade de fazê-lo também por vídeo, algo que dificultaria manipulações. A IA entrevistadora teria ciência das notas do aluno, de sua pontuação no SAT/ACT e de suas atividades extracurriculares e usaria essas informações para fornecer referências fidedignas. Estudantes ainda poderiam submeter dissertações e recomendações, mas a IA poderia mergulhar mais fundo em entrevistas para se certificar de que os candidatos saibam verdadeiramente do que estão falando.

Entrevistas de admissão, tipicamente conduzidas por ex-alunos que moram perto do estudante, não são feitas com todos os candidatos às vagas e as que ocorrem não seguem metodologia consistente. Podem ser úteis para descartar candidatos obviamente inadequados, mas não têm grande utilidade para estabelecer comparações entre multidões de estudantes que, na teoria, aparentam ser todos excepcionais. A IA possibilita que esse processo seja bem mais escalável, consistente e auditável. Nesse contexto, ela é capaz de resumir consistentemente suas interações e classificá-las em múltiplas dimensões tendo por base um padrão de avaliação criado pelo departamento de admissões.

Há até mesmo a possibilidade de que agentes de IA possam eles mesmos atestar o valor do aluno, exatamente como um professor que o conhece bem. Pensem desta forma: uma plataforma de IA como o Khanmigo vem trabalhando com o estudante já há algum tempo. Não importa se por um mês ou por muitos anos de vida escolar, ela conhece os pontos fortes e as paixões e é plausível que possa transmitir uma impressão dinâmica de quem ele é. Quando for a hora de tentar a entrada na faculdade, a IA pode escrever as suas cartas de recomendação. A carta seguiria um padrão aplicável a todos os estudantes que usassem a plataforma, mas fazendo uso de memórias diferentes com base nas experiências da IA com cada aluno. Imaginem se todos no país tivessem o mesmo professor. Este seria um excelente árbitro. Se quiséssemos levar esse cenário ao extremo — e não está claro se queremos —, o recomendador de IA poderia conversar com o entrevistador de IA ligado ao departamento de admissões para ver se suas impressões se encaixam.

Sei que isso gera medo de vieses em ambos os extremos. Certos vieses são desejáveis. Queremos que o processo seja enviesado para favorecer jovens profundos e colaborativos que possam ser os humildes líderes do amanhã. Obviamente não queremos que manifeste preconceitos de gênero, raça, religião ou geografia. Uma solução 100% livre de vieses talvez seja impossível, mas este não deveria ser o obstáculo. Nosso esforço deveria ser para que qualquer sistema de IA seja comprovadamente melhor do que o *status quo*, que geralmente envolve todos os tipos de preconceito. Isso não é hipotético. Em um caso julgado na Suprema Corte em 2018, foi claramente estabelecido que o departamento de admissões de Harvard tinha por hábito avaliar candidatos asiático-americanos com notas mais baixas em traços de personalidade, sendo muito comum que arbitrariamente descartassem as observações de quem os entrevistara em pessoa. O processo de admissões da universidade classificava candidatos de acordo com cinco categorias — "acadêmica", "extracurricular", "atlética", "pessoal" e "ao todo" —, ranqueando estudantes com notas de 1 a 6, sendo 1 a melhor. Na categoria pessoal, candidatos brancos eram mais bem classificados que asiático-americanos; 21,3% dos brancos recebiam notas 1 ou 2, contra 17,6% dos asiático-americanos. Os ex-alunos que os entrevistavam classificavam-nos de forma comparável aos brancos, mas o departamento de admissões conferia a eles a pior pontuação entre grupos raciais.

Foi necessária uma grande ação judicial para que esses dados viessem à tona. Na maior parte dos casos, os preconceitos embutidos nesse processo tão opaco são bem ocultos. A força de um entrevistador e assessor baseado em IA está em poder ser auditado. É possível testá-lo com candidatos igualmente qualificados de origens demográficas distintas e publicar os resultados para assegurar consistência entre recortes de raça, gênero e contexto pessoal.

Em vez de introduzir novos problemas ao processo de admissão em faculdades, a IA nos força a admitir as deficiências existentes enquanto traz possibilidades de mudança para melhor. Usada de forma ponderada, talvez com alguma ousadia fundamentada, pode nos permitir entrar em um mundo mais justo e transparente.

Parte 9

O QUE VEM A SEGUIR NO MERCADO DE TRABALHO

Aquele que planta árvores, sabendo que jamais se sentará à sua sombra, pelo menos começou a entender o sentido da vida.

— RABINDRANATH TAGORE

Aprenda as regras como um profissional para ser capaz de quebrá-las como um artista.

— PABLO PICASSO

O EMPREGO EM UM MUNDO COM IA

Muita gente teme que a IA vá causar demissões em massa em favor de novas ferramentas capazes de executar tarefas de forma mais rápida, barata e eficiente do que seres humanos. Algumas companhias puxaram o freio em contratações para postos que acreditam que a inteligência artificial elimine nos próximos anos. Em 2023, a IBM anunciou que iria suspender ou desacelerar em 30%, ao longo de um período de cinco anos, contratações para vagas operacionais cujo serviço possa vir a ser feito por IA. O anúncio sugere que o futuro do trabalho vá tomar um rumo diferente. Vagas operacionais e de TI desaparecerão, juntamente com outras que não tenham contato com o público ou que as tarefas envolvam elaboração de orçamentos, administração de dados, conclusão de consertos no escritório e organização de arquivos. Lendo as cartas, é possível entender para onde a coisa pode estar caminhando.

Que novo formato terão os empregos num mercado de trabalho tomado pela IA e como preparar nossos estudantes para eles? Desde que o ChatGPT apareceu, muitos entendidos no assunto vêm repetindo que você não será substituído por IA, mas que pode vir a ser substituído por alguém que use IA.

Escritores e redatores auxiliados por IAs poderiam se tornar de três a cinco vezes mais produtivos. O mesmo vale para engenheiros de software que usem copilotos de IA para depurar e preencher grandes porções de seus códigos. Para designers gráficos, será possível fazer cinquenta variações de um logotipo com pequenos ajustes em uma série de comandos de texto. Dado esse aumento de produtividade, precisaremos da quantidade de redatores, engenheiros e designers gráficos que temos hoje?

Suspeito que vá haver uma mistura de situações. Como estamos em um ponto de inflexão tecnológico que nos permite fazer muito mais com IA generativa, a demanda por engenheiros, especialmente se forem de cinco a dez vezes mais produtivos, vai crescer. Vimos isso ocorrer no passado. No início dos anos 2000, a globalização acelerada abriu caminho para a terceirização de muitos trabalhos de engenharia de software para lugares como a Índia. Eu era um jovem engenheiro na época e imaginei que teria de fazer MBA em administração e mudar de carreira para o setor financeiro a fim de evitar ser atropelado pela mão de obra barata estrangeira.

Eu estava errado. Desde então, salários de engenheiros de software só aumentaram, bem acima da inflação. Smartphones e a ascensão da internet criaram ambiente propício a novas soluções baseadas em softwares. A IA generativa está criando um ambiente ainda mais ávido por inovação. No meu ponto de vista, ela vai gerar uma infinidade de trabalhos em quase todas as indústrias para engenheiros capazes de aplicar a tecnologia de maneira criativa com o objetivo de resolver novos problemas.

Por outro lado, não sou tão otimista quanto a, digamos, quem atualmente escreve reportagens resumindo as oscilações diárias da Bolsa de Valores. Esse tipo de tarefa logo será feito por IA generativa, se é que já não está sendo. Os redatores especializados nesse tipo de texto técnico que sobreviverão serão os que mais se baseiem na IA para aumentar sua produtividade. Os outros 90% terão de encontrar outra coisa para fazer.

A boa notícia é que a IA generativa exigirá novos tipos de trabalho. Uma das mais cobiçadas funções do momento é a de redator ou engenheiro de comandos. Dois anos atrás, ninguém sabia o que era isso. Mas a verdade é que um redator criativo e de mente aberta pode fazer muito bem a transição para um desses papéis. A IA generativa também nos faz visualizar oportunidades totalmente novas ligadas à segurança e ao combate a vieses. Meu palpite é que, à medida que mais organizações se vejam às voltas com a aplicação da tecnologia, novas oportunidades continuarão a emergir.

Da mesma forma que professores estão usando IA para simplificar as tarefas mais automáticas e mundanas que lhe são exigidas, outros, de departamentos de RH a gerentes, começarão a fazê-lo para produzir cartas de contratação ou relatórios de reuniões. Parece bom e útil na teoria, mas não tenho como deixar de considerar as consequências no quadro geral.

A questão não se limita a vagas individuais. A seleção natural induzida pela IA vai ocorrer também no nível corporativo. Se temos duas empresas, uma menor, mais enxuta, mais automatizada, a outra maior, mais lenta, mais dependente do trabalho humano, com o passar do tempo a empresa menor será capaz de oferecer um produto igual ou melhor a preço mais baixo e começará a abocanhar mais espaço de mercado da outra, o que em última análise levará a uma perda líquida de empregos. É uma tendência comum que verificamos em muitas indústrias e continuará à medida que tecnologia e automação avancem em ritmo mais acelerado. Por um lado, a empresa menor poderá oferecer bens e serviços de forma mais eficiente e com custo menor, o que pode beneficiar o consumidor. Por outro, as perdas de empregos podem ser duras para quem for diretamente afetado.

Isso já vem se desenhando, com contornos dramáticos. Em 2006, a companhia de tecnologia na educação Chegg Inc. começou a atuar, atendendo a quase três milhões de clientes com deveres de casa, aluguel de livros didáticos digitais e físicos e tutoria on-line. Meros dois anos e meio antes da chegada do ChatGPT, a *Forbes* a considerava a empresa mais valorizada do ramo nos Estados Unidos. Quando a ferramenta foi disponibilizada, a Chegg deu uma guinada e começou a incorporar IA à sua plataforma, mas não tinha como competir com o ChatGPT. Quando anunciou os ganhos trimestrais da empresa em maio de 2023, seu CEO admitiu que o serviço enfrentava dificuldades para acompanhar o que a OpenAI oferecia, pois já havia muitos estudantes usando o grande modelo de linguagem para ajudá-los em seus deveres de casa. A companhia admitiu que não tinha mais qualquer ideia de quanto viria a ganhar no restante do ano por causa da influência do ChatGPT. O anúncio caiu como uma bomba sobre as ações da Chegg, que despencaram quase 50%. Desde a chegada da IA generativa, muitos se preocupam se essas ferramentas não vão derrubar negócios estabelecidos. Se esse medo um dia pareceu distante, continuava a ser especulado até de repente tornar-se mais do que real, com histórias como esta.

Esses sentimentos não são apenas meus.

"Vai afetar de forma diferente cada indústria, cada pessoa e cada profissão", diz Ethan Mollick, da Wharton. "Segundo nossas pesquisas iniciais, a função menos afetada pela IA será a cobertura de telhados e mesmo assim eu falei com alguns empreiteiros do ramo que me disseram: 'Na verdade, nosso trabalho vai mudar também porque agora dá para fazermos todas as nossas propostas com a ajuda de IA'."

Quando se desenvolve inteligência artificial capaz de entender línguas, reconhecer padrões e resolver problemas, bem como IAs capazes de diagnosticar doenças, negociar ações, compor música, contestar processos judiciais, entender emoções, analisar código genético, administrar sinistros de seguros, borrifar pesticidas, atuar como engenheiras e escrever artigos, não é difícil crer que mais mudanças virão. A estratégia bem-sucedida será não resistir, mas sim se adaptar.

COMO PREPARAR OS FILHOS PARA SE DESTACAREM PROFISSIONALMENTE EM UM FUTURO COM IA

FALTAM VÁRIOS MESES para lançarmos o Khanmigo e estou palestrando no Departamento de Ciência da Computação de Stanford junto a um professor chamado Chris Piech. Ele me conta a história de uma jovem aluna da universidade, sua orientanda, que entrou em sua sala. "Ela estava muito abalada, dizendo que mal tinha aprendido a codificar e agora a inteligência artificial poderia fazer melhor esse trabalho", diz Piech. "Ela se sentia como se já tivesse sido marginalizada."

Nos últimos vinte anos, engenharia de software e ciência de dados foram os dois empregos mais cobiçados por gente jovem recém-saída da faculdade. Nós os encorajamos a buscar essas profissões se quisessem fazer parte do futuro. Propagandeamos aos alunos que aprendessem a codificar para fazerem parte da economia digital. Mas o que sabemos agora é que a IA generativa pode fazer bem esse trabalho.

Isso cria tensão. Tememos permitir que crianças usem ferramentas de IA na escola porque queremos evitar trapaças, apesar do fato de que os empregos futuros vão exigir simbiose profunda com essas mesmas ferramentas. O que é agravado pelo que Bill Gates chama de mais um "paradoxo desconcertante". Contamos agora com uma ferramenta que facilita a vida dos que querem aprender, mas, infelizmente, leva pessoas a questionar se tais habilidades sequer terão alguma serventia.

Por que alunos deveriam aprender a fazer algo que a IA é capaz de fazer melhor?

"E o que você disse a ela?", perguntei a Piech.

"Eu disse que acredito que a habilidade de codificar vai ser muito importante, que se quiser criar qualquer tipo de solução de vulto, incluindo uma que use a IA generativa, mesmo que a IA possa escrever pedaços do código, é muito importante saber como esses pedaços vão se encaixar."

Em outras palavras, diz ele, será importante aprender a trabalhar em conjunto com a IA generativa. Para construir qualquer coisa, você continuará a ter de saber como as peças se encaixam e como de fato funcionam.

Um profissional júnior que compreenda a IA, e trabalhe com ela, será muito mais eficiente do que um que não o faça. Meu filho de 14 anos ama codificar e sonha em algum dia criar videogames. Acho que tem grandes chances de consegui-lo, mas também o encorajo a usar IA generativa para dar conta de projetos mais ambiciosos do que seria normalmente capaz de tocar sozinho. Ele será capaz de produzir jogos cuja criação, antes da IA generativa, teria exigido uma equipe de meia dúzia de engenheiros profissionais.

Está bem documentado que a IA generativa é capaz de escrever com competência real. Não significa que alguém não deva aprender a escrever. Se um de meus filhos viesse falar comigo, dizendo que quer ser roteirista, eu lhe diria para que se tornasse muito bom na escrita de roteiros. E então o encorajaria a usar IA generativa para assumir cada vez mais projetos. É preciso ser bom em uma atividade para saber reconhecer alta qualidade. Mais que isso, um indivíduo com uma profunda compreensão de narrativa e cinema não precisa mais parar na fase do roteiro. Um roteirista poderia produzir o próprio filme com ajuda de IA generativa. A tecnologia já produz música e vídeos. Até edita material bruto. É provável que um filme que antes custava 100 milhões de dólares, e levava vários anos para ser feito, logo esteja ao alcance de um punhado de alunos de cinema com uma fração desse orçamento. Não sabemos quão melhores esses sistemas se tornarão, mas até mesmo a atual geração da IA já começa a causar abalos do tipo na indústria do cinema, bem como em muitas outras.

Os primeiros estudos controlados sobre aumento de produtividade em cenários de uso de IA feitos pela Wharton School vêm detectando 30% a 80% de ganhos de performance em muitas tarefas analíticas complexas. Isso inclui mais solidez e concisão na escrita, em análise, consultoria e programação.

"Se você quer estar nesses campos, a IA faz e continuará a fazer parte da sua vida", diz Mollick. "Você precisa descobrir se pode usá-la para ser dez vezes mais produtivo — o que significa que a presença de humanos no processo continuará a ser necessária. Se a sua intenção é ser editor de texto, desenvolvedor ou mesmo cobrir telhados, vai precisar ser um centauro, só que em vez de ser meio humano e meio cavalo, terá de ser meio humano e meio grande modelo de linguagem."

Para atender as demandas desse novo mundo do trabalho, os educadores terão de continuar, de forma explícita ou implícita, a familiarizar seus alunos com tais ferramentas e o poder que elas têm. A IA generativa é o que se pode chamar de tecnologia de uso geral, algo que surge muito de vez em quando. Pensem nas transformações engendradas pela energia a vapor, pelos computadores ou pela internet. A IA generativa provavelmente vai transformar nossas vidas mais rápida e profundamente do que qualquer desses pontos de inflexão anteriores.

O foco da Revolução Industrial foi a especialização da mão de obra. Criamos linhas de montagem e trabalhadores se especializaram em determinadas funções do processo. A tendência se manteve desde então, com o desenvolvimento de sistemas complexos por organizações complexas. Os benefícios da especialização continuarão em um mundo com IA.

"É muito difícil prever que como será o mercado de trabalho do futuro, mas quanto mais profundo for um conjunto de habilidades, seja em consulta médica, pensamento científico ou apoio ao consumidor, mais valor terá, mesmo num mundo em que a produtividade venha a ser aprimorada pela IA", me diz Bill Gates. Há mais razão do que nunca para que crianças continuem a aprender sobre suas áreas de interesse, diz ele, e alunos precisam *acelerar* o aprendizado dessas habilidades, e aprendê-las tão bem quanto for possível. "Posições júnior vão exigir das pessoas que entendam como usar grandes modelos de linguagem e todas as ferramentas que oferecem. Eles serão necessários para criar tudo, de faturas a planos de negócios. Empresas vão encorajar seus funcionários a apresentar o melhor produto possível. Quanto mais alto for o nível das habilidades de alguém, mais substancial será o valor que manterá em meio à força de trabalho. São os funcionários *mais* a IA trabalhando juntos."

No entanto, neste mundo em que entramos, a questão não é só de especialização. Aqueles que forem bem-sucedidos podem entender mais a fundo de uma ou duas áreas, mas também precisam de experiência de empreendedorismo em um amplo espectro de domínios para conseguir juntar todas as peças.

Isso nada tem de novo. Quando fundei a Khan Academy, eu sabia codificar e assim pude preparar protótipos sem precisar de dinheiro ou ajuda de ninguém. Também era bom em reunir ferramentas preexistentes e encontrar utilidades para elas que outros não viam. Usava o YouTube para vídeos e comunicação por mensagens com os primos para os quais dava aulas particulares. Era analista em um fundo de investimentos e, portanto, mesmo sem nunca ter administrado uma organização sem fins lucrativos, conhecia o suficiente sobre finanças e contabilidade para fazê-la decolar. Pessoas capazes de embarcar em projetos dessa forma sempre terão vantagens como empreendedoras, mas há um limite aonde podem chegar sozinhas. Em algum momento, precisarão arrecadar dinheiro e contratar pessoas. Assim como softwares e a internet impulsionaram níveis de crescimento (consegui fazer a Khan Academy chegar a 100 mil usuários quando ainda era a minha atividade paralela), a IA generativa permitirá à próxima geração de empreendedores avançar ainda mais.

Estamos entrando em um mundo que nos leva de volta à experiência artesanal pré-Revolução Industrial. Um pequeno grupo de pessoas que domina engenharia, vendas, marketing, finanças e design conseguirá administrar exércitos de IA generativa e juntar todas as peças.

Quando economistas falam sobre fatores de produção, referem-se a coisas como capital, trabalho, terra e outros recursos como energia. Mas falam de empreendedorismo também. De uma perspectiva econômica, empreendedorismo é só a criatividade de saber como juntar recursos para criar valor. E então, como preparar cada aluno para que se torne esse tipo de empreendedor?

O primeiro passo é abrir caminho. Creio que todo ser humano é altamente criativo e empreendedor de nascença. Infelizmente, temos um sistema educacional concebido pela Revolução Industrial que, sem essa intenção, suprime ambas as características. Crianças aprendem a se sentar em fileiras, não fazer barulho e anotar tudo. O conhecimento lhes é transmitido de bandeja e são forçadas a aprender em ritmo predeterminado. Acadêmica e socialmente, o não conformismo é punido. Quando se tornam jovens adultas e atingem o ápice de sua capacidade de empreendedorismo criativo, o sistema as atola de serviço por horas, minando qualquer tempo para se dedicarem a suas paixões.

O segundo passo é um pouco mais tradicional. Como mencionou Bill Gates, os trabalhadores bem-sucedidos do futuro serão aqueles que tiverem habilidades profundas e amplas. Leitura, escrita e aritmética, as três habilidades básicas, serão mais importantes do que nunca. Some-se uma sólida apreciação e entendimento de História, Arte, Ciência, Direito e Finanças e a pessoa estaria bem complementada. Por sorte, hoje contamos com ferramentas tecnológicas para garantir o domínio dessas habilidades sem ter de recorrer ao ensino em ritmo padronizado da era industrial.

Por fim, é mais importante do que nunca que alunos tenham forte capacidade de comunicação, colaboração e empatia. Noções tradicionais de empreendedorismo tendem a evocar ideias de criação de negócios, mas o que estou descrevendo vai bem mais longe e inclui uma visão mais *pessoal*. É uma capacidade de olhar para as várias partes do seu trabalho e enxergar quaisquer problemas que precisem ser solucionados, saber onde focar sua pesquisa e entender as peças que precisam ser colocadas no lugar para chegar a uma solução. Prosperar em um mundo com IA implica ser esse tipo de empreendedor, ainda que se esteja trabalhando para outra pessoa. Escolas podem tornar isso uma realidade se puserem os alunos à frente dos processos com mais frequência, usando ferramentas de IA para melhor apoiá-los no domínio das capacidades básicas e liberando o seu tempo para que invistam em iniciativa e criatividade.

PROMOVENDO O ENCONTRO ENTRE QUEM PROCURA EMPREGO E OS EMPREGADORES

Em 1999, a *Computerworld* fazia uma matéria de capa sobre o novo milênio e me pediu previsões que poderiam se concretizar nos dez a vinte anos seguintes. Fiquei surpreso por estarem perguntando para mim, um universitário recém-formado que havia acabado de assumir uma gerência de produto na Oracle Corporation, pois as outras dezenove pessoas entrevistadas eram titãs da tecnologia como Bill Gates e Larry Ellison. O editor-chefe compareceu à minha formatura, viu meu discurso como representante da turma e achou que seria interessante ter uma perspectiva mais jovem.

De qualquer forma, não quis desperdiçar a oportunidade e lancei as ideias mais delirantes que julguei plausíveis. Falei de um futuro em que teríamos agentes pessoais artificialmente inteligentes para nos representar no "ciberespaço". Eles fariam compras para nós, intermediariam transações, até promoveriam contatos entre empregadores e empregados (ou parceiros românticos). Vinte e três anos se passaram e, de maneira geral, minhas previsões não se concretizaram. A IA não havia avançado até o nível necessário.

Aceleremos até o presente. A mais recente geração de IA generativa traz no bojo a promessa muito real de fazer minhas previsões parecerem conservadoras. Por mais otimista que eu fosse quanto ao progresso da IA em 1999, o que começamos a verificar no início dos anos 2020 supera de longe qualquer coisa que pudesse ter imaginado ver ainda na minha vida. Entre muitas outras coisas, a IA, como nossa agente pessoal, logo será capaz de anunciar, encontrar, se candidatar e até conseguir empregos para nós.

Tradicionalmente escrevemos descrições de cada vaga de emprego que se abre em nossa empresa. Um gerente de contratação precisa antes de tudo arrumar tempo para redigir a descrição ou criá-la com alguém do RH. Uma vez anunciada, cada vaga costuma receber centenas de currículos, que são analisados pela equipe de aquisição de talentos, um trabalho incrivelmente tedioso. Para ser realista, quem faz essa triagem não tem como dedicar mais do que alguns segundos a cada currículo; por isso seu olhar provavelmente foca em coisas como empregadores anteriores de renome, palavras-chave nos nomes de cargos anteriores ou diplomas de universidades conhecidas. Posso imaginar que às vezes estejam dispostos a explorar um pouco mais, às vezes não. E ainda nem falamos dos vieses pessoais que trazem à mesa. É provável que esse processo deixe passar muitos ótimos candidatos, em especial aqueles que não tiveram passagens por empresas ou escolas conhecidas.

De uma forma ou de outra, nossos recrutadores identificam um pequeno grupo de candidatos para passar por triagens telefônicas e possivelmente mais entrevistas. Se forem bem na triagem telefônica de meia hora, com base no julgamento subjetivo do recrutador, os candidatos serão entrevistados por quatro a seis membros da equipe da função para a qual se candidatam. Agendar tempo para isso é complexo, leva dias ou semanas. É caro também: seis entrevistas de uma hora feitas por membros da equipe que ganham o equivalente a 100 dólares por hora nos custam 600 dólares, sem considerar o tempo gasto na preparação do entrevistador e em seu relatório pós-entrevista. Para evitar inconsistências, fornecemos aos entrevistadores uma estrutura de referência para as perguntas. Contudo, em última análise, as preferências e o estado de espírito do entrevistador provavelmente ditarão os rumos da conversa. No fim das contas, é torcer para obter um sinal de ter achado uma escolha perfeita e cruzar os dedos para que a contratação funcione. Os processos são semelhantes a este praticamente em toda parte.

É um processo imperfeito de ambos os lados. Nós provavelmente deixamos passar alguns ótimos candidatos e gastamos muito tempo e energia para fazermos uma oferta, cientes de que talvez nem seja uma escolha perfeita. Acima de tudo, pela própria natureza, o processo não é totalmente consistente. Também não ficaria surpreso se descobrisse que o preconceito de alguém desequilibrou a balança, a favor ou contra determinados candidatos — com base em aspectos sem relevância para a função.

Se todas as partes tivessem tempo e energia infinitos, recrutadores e gestores se dedicariam a conversas aprofundadas com todos os interessados nas vagas. Aplicariam os mesmos padrões com consistência, estariam no mesmo estado de espírito e dedicariam o mesmo nível de entusiasmo a cada candidato. Melhor ainda, seria possível auditar o processo para identificar vieses submetendo candidatos-teste. Acima de tudo, em um mundo ideal levaríamos horas — não dias ou semanas — para chegar a uma decisão.

Atingir esse ideal pode parecer fora da realidade, mas talvez possa muito bem se tornar possível agora.

Grandes modelos de linguagem já são capazes de agilizar o processo padrão das formas mais óbvias. Recrutadores podem usá-los para esboçar anúncios de vagas e perguntas para entrevistas. Candidatos podem usá-los para criar cartas de apresentação e currículos. Esta, porém, é só a ponta do iceberg.

No futuro, se você estiver procurando um emprego, um aplicativo que lance mão de um grande modelo de linguagem criará um currículo interativo que se comunicará com a IA responsável pelo anúncio da vaga à qual você se candidatou. Em vez de tão somente submeter um currículo e uma carta de apresentação ao éter, *cada* candidato ao cargo vai poder automaticamente ter uma rica conversa com o recrutador de IA, uma experiência com o potencial de dar a todos uma oportunidade bem mais justa.

Não será preciso sequer esperar até o bot do empregador agendar tempo para uma conversa. A IA recrutadora pode falar com a sua, uma IA agente pessoal que terá aprendido a representá-lo de forma precisa a partir do seu histórico de empregos e das longas entrevistas que conduziu com você.

Como ela o acompanhou desde que você era estudante, e como você lhe concedeu a permissão para acessar todo o seu histórico profissional e educativo, seus conjuntos de habilidades, seus interesses e até amostras de trabalhos que produziu, ela lhe perguntará o que você procura em um emprego e os tipos de postos que talvez queira explorar. Pode até ajudar a direcionar seu pensamento para possibilidades de carreira e educação que se encaixem com suas metas de vida. Considere-a uma coach de vida superalimentada que aprenderá a representá-lo perante empregadores em potencial.

A partir daí, ela atuará em seu nome, procurando as posições certas via conversas com os outros bots de IA que anunciaram vagas. Como buscadora de empregos, a sua bot agente é capaz de ler literalmente todos os anúncios publicados. Se você quiser mudar de carreira, mas não tiver o nível de experiência que 99% dos empregadores pedem, sua bot agente poderá encontrar o 1% disposto a lhe dar uma chance. Ela poderá lhe dar retorno, dizendo que acabou de se comunicar com mil empregadores e encontrou alguns que dão valor real ao fato de você não ser da área. Imagine uma inteligência artificial generativa capaz de abordar pessoas no LinkedIn e responder a você com oportunidades.

Esses bots, na teoria, podem ter conversas infinitas uns com os outros até colherem o sinal do melhor encaixe para ambas as partes. Ao fim do processo, se eu sou o gerente de contratação, minha IA assistente de recrutamento me sugerirá as cinco ou dez melhores pessoas com as quais acha que devo falar tomando por base as conversas simuladas que conduziu com as IAs agentes desses candidatos.

Isso não se limita à triagem de candidatos. Uma IA assistente de recrutamento será capaz de examinar as referências apresentadas. Com base nisso, poderá refinar as suas próprias recomendações.

Até mesmo durante entrevistas ao vivo com os candidatos, a IA assistente poderá soprar no seu ouvido boas perguntas complementares às respostas dadas pela pessoa ou dar a você feedback em tempo real, para certificar-se de que esteja conduzindo as conversas da forma mais justa e consistente possível.

O processo de candidatura a vagas e contratação ficará muito mais equitativo e rápido e consumirá menos os recursos de todos. Cada pessoa, ou ao menos sua IA agente, terá direito a uma entrevista com a IA contratante. Todas as empresas terão a chance de conhecer você por meio da sua IA agente. Elas checarão todo o seu histórico de empregos. Consigo imaginar um mundo em que os currículos tradicionais não tenham mais qualquer relevância ou utilidade porque sua IA agente fará um trabalho bem melhor no sentido de representar você.

Vale reconhecer que tudo isso pode deixar algumas pessoas desconfortáveis. Um dos maiores medos que circundam a IA, aliás, é o do viés que pode introduzir enquanto faz a triagem de currículos ou entrevista candidatos. Sou o primeiro a admitir que criar um sistema sem viés algum é quase impossível. Ainda assim, defendo que a IA será um avanço por ser comprovadamente menos enviesada e mais consistente do que o *status quo*, que é subjetivo e cheio de preconceitos. Sim, devemos escrutinar a fundo quaisquer sistemas de IA que alegam poder assistir o processo de recrutamento, mas também acho que acabaremos por ter as ferramentas que farão o processo muito mais inclusivo, eficiente e menos enviesado.

ONDE ESTAMOS E PARA ONDE VAMOS: UM CHAMADO À OUSADIA FUNDAMENTADA

Quero fazer uma confissão. Eu achava que iria me tornar pesquisador de IA. Enxergava, e ainda enxergo, a inteligência e a percepção — são coisas diferentes — como os maiores mistérios do universo. Era fascinado pela ideia de poder conceber algo tão inteligente quanto qualquer um de nós ou até mais. Havia lido praticamente todos os livros de ficção científica sobre o tema. Adorava pensar em como poderíamos provar se outro ser era de fato senciente. Afinal, só podemos perceber diretamente a nossa própria percepção. É uma questão de fé enxergar essa capacidade em outras criaturas — incluindo outras pessoas em nossas vidas — sem achar que estão apenas fingindo ser. A melhor forma de compreender a inteligência, achava eu, era construir máquinas capazes de atingi-la.

Quando era calouro no MIT, em 1994, tive a sorte do acesso direto a vários titãs da IA do período. Pedi a Patrick Henry Winston para ser meu orientador do 1º ano. Ele era diretor do Laboratório de Inteligência Artificial do MIT e autor do livro didático canônico sobre o tema naquele período. Fiz seu curso Introdução à Inteligência Artificial e também o de Marvin Minsky, Sociedade da Mente. Minsky era mentor de Winston e o fundador do Laboratório de Inteligência Artificial. Foi também ganhador do prêmio maior da ciência da computação —

o Turing — por "seu papel central na criação, modelagem, promoção e evolução do campo da Inteligência Artificial". Suas ideias são consideradas formadoras no campo das redes neurais artificiais. Foi ainda o orientador de IA de Stanley Kubrick durante a produção daquele que é talvez o mais famoso filme de todos os tempos a lidar com esse tema, *2001: Uma odisseia no espaço.*

Embora fossem professores incrivelmente inteligentes, criativos e inspiradores, eu fiquei decepcionado com o estágio em que o campo da IA se encontrava e a lentidão com que parecia se desenvolver. Os mais impressionantes sistemas do tipo capazes de disputar partidas de xadrez eram meramente bons em prever movimentos com várias jogadas de antecedência. Por mais competentes que se tornassem, ninguém acreditava para valer que pudessem ter inteligência como a nossa. Redes neurais artificiais eram instigantes de um ponto de vista filosófico, mas na época não eram capazes de nada que fosse realmente de cair o queixo. Ideias novas e ambiciosas não haviam surgido em vinte ou trinta anos. Mal sabia eu que estávamos então na rabeira do que os pesquisadores descreveriam mais tarde como "o inverno da IA".

Decidi seguir com a minha vida. Ainda amava a ciência da computação e achava que em algum momento tentaria criar algum tipo de empresa de tecnologia. Mas questões relacionadas à inteligência e, por extensão, à educação continuavam a me atrair, pois me pareciam fundamentais para o avanço da sociedade. No verão seguinte ao 3º ano, ganhei uma bolsa para criar um software que permitisse a estudantes aprender e praticar Matemática ao seu próprio tempo e no seu próprio ritmo. Soa familiar?

Passei a acreditar que as pessoas tinham muito talento e potencial desperdiçados. Entre as pessoas que nascem dotadas do material bruto para se tornarem um Albert Einstein ou uma Marie Curie, quantas recebem a educação e o apoio para tal? E se, por meio de educação mais ampla e acessível, nos fosse possível multiplicar por dez ou cem o número de pessoas capazes de dar o próximo grande salto nos campos da ciência, da arte ou do empreendedorismo para benefício de todos? Para quantas doenças acharíamos a cura? Quão mais ágeis seríamos na exploração do cosmos?

Minha curiosidade não se pautava só pelo estímulo aos gênios. Se todos tivessem acesso a uma educação verdadeiramente excelente, me punha a pensar, quantos bilhões de pessoas a mais não encontrariam propósito e sentido para suas vidas?

Mas por trás de tudo havia a realidade prática. Fui criado por mãe solteira. Meus pais se separaram logo depois de eu nascer e só estive com meu pai uma vez antes de sua morte, quando tinha 14 anos. Pediatra e oriundo de uma família proeminente de políticos e acadêmicos em Bangladesh, ele nunca nos deu qualquer apoio financeiro porque acho que mal podia se sustentar. Quando morreu, minha irmã e eu herdamos um Nissan Sentra que valia menos do que as prestações não pagas. A única narrativa que sou capaz de construir é a de que ele e minha mãe eram absurdamente incompatíveis, pois se tratava de um casamento arranjado, e que ele provavelmente sofria de depressão. Durante a maior parte da minha vida, minha mãe foi caixa em várias lojas de conveniência e o que ganhava nos situava ligeiramente abaixo da linha da pobreza. O MIT foi generoso em sua ajuda financeira, mas, ao me formar, ainda acumulava uma dívida de 30 mil dólares. O boom tecnológico começava a ganhar corpo e quando eu descobri que podia ganhar 80 mil dólares por ano como recém-formado em ciência da computação — cinco vezes o que minha mãe ganhava —, não tive como dispensar a oportunidade e aceitei um emprego na Oracle.

Depois fiz MBA e virei analista em um fundo de investimentos. Minha então noiva e hoje esposa me criticava, dizia que eu não estava fazendo nada de útil para a humanidade, apesar do meu talento e da minha educação. Mas eu achava o universo dos investimentos intelectualmente fascinante. Me permitia estudar como o mundo funcionava e compreender o humor volátil do mercado. E eu precisava do dinheiro. Tinha novas dívidas a quitar, devido ao MBA, e sabia que teria de sustentar minha mãe e outros familiares. Também estava determinado a não perpetuar a insegurança financeira em meio à qual havia crescido. Para ser sincero, ainda sou mais inseguro nesse aspecto do que a maioria dos meus amigos. Também dizia ao pessoal que só iria continuar naquele emprego até ser financeiramente independente e poder fundar uma escola nos meus termos. Tinha certas ideias de um dia ser o Dumbledore de uma escola focada em colocar os alunos no centro e dar muito mais tempo e espaço para eles explorarem suas paixões.

Era 2004, eu estava recém-casado e familiares de Nova Orleans tinham vindo me visitar em Boston. Numa conversa com minha tia, surgiu o assunto das dificuldades que Nadia, minha prima de 12 anos, vinha tendo com a matemática. Me ofereci para tutoreá-la remotamente. Isso levou ao início da Khan Academy que, em sua essência, sempre teve como meta levar o tipo de ensino personalizado que eu oferecera a Nadia a centenas de milhões de aprendizes de todas as matérias, em todas as séries e por todo o mundo.

Ao longo dos anos, muita gente me perguntou por que estabeleci a Khan Academy como entidade sem fins lucrativos. Afinal de contas, minha carreira anterior era bastante lucrativa e moro no coração do Vale do Silício, onde soluções escaláveis movidas pela tecnologia podem valer muito. Muitos se mostravam céticos quanto às chances de uma empresa sem fins lucrativos competir com as que visam ao lucro. Só que duas noções não saíam da minha cabeça. Primeiro, tendo a acreditar nas forças de mercado, mas em alguns setores — especificamente, educação e saúde — elas nem sempre conduzem a resultados alinhados com nossos valores. Nessas duas áreas, os valores que compartilhamos ditam que o ideal é que recursos familiares não sejam um fator limitador do acesso às melhores oportunidades possíveis. A maioria de nós acredita que toda mente e toda vida merecem atingir seu potencial pleno.

A segunda noção era mais grandiosa, para não dizer totalmente delirante. Um dos meus conjuntos de livros favoritos é a Trilogia da Fundação, de Isaac Asimov. As histórias se passam dezenas de milhares de anos no futuro, a galáxia tendo sido colonizada pela humanidade unificada sob a autoridade de um império. Nesse contexto, um acadêmico chamado Hari Seldon desenvolveu um novo campo chamado psico-história — uma espécie de combinação de História, economia e estatística — capaz de prever probabilisticamente tendências históricas em larga escala. Essa ciência lhe diz que o Império Galático entrará numa era sombria de 10 mil anos dentro dos próximos séculos. Serão 10 mil anos de guerra, fome e conhecimento perdido. Seus cálculos mostram que nada pode impedir a chegada da idade das trevas, mas que o período pode ser encurtado. Ele então cria uma fundação na periferia da galáxia para preservar o conhecimento e a tecnologia com o intuito de usá-los depois para abreviar o caos que se aproxima para "apenas" mil anos. A série de livros foca principalmente em como os séculos seguintes se desenrolam.

Quando li a Trilogia da Fundação pela primeira vez no ensino fundamental, me soou inspirador pensar numa escala temporal como aquela. Foi também o primeiro momento em que senti verdadeiramente que a força de uma civilização não está em seu tamanho, poder e riqueza. Estes são apenas subprodutos derivados da verdadeira força: a cultura, o know-how e a mentalidade de uma sociedade.

Pulando agora para o início da Khan Academy, percebi que pouquíssima gente em nossa sociedade pensa numa escala superior a alguns anos ou décadas, muito menos em termos de centenas ou milhares de anos. Além disso, a internet era claramente a tecnologia transformadora do nosso tempo, só que nenhuma instituição real estava sendo construída com ela. Comecei a pensar se a Khan Academy seria capaz de se tornar uma das primeiras; algo capaz de ajudar a educar bilhões de pessoas pelas próximas centenas de anos. Seria como a fundação de Hari Seldon, com a diferença de que em nosso caso poderíamos elevar a humanidade de forma que o momento atual é que pareceria uma idade das trevas quando o relembrássemos daqui a cinquenta ou cem anos. Só se vive uma vez; por que não sonhar alto?

À medida que crescíamos e nosso número de usuários passava de dezenas para centenas de milhares, aquele sonho começava a parecer cada vez menos delirante. Gente incrível surgiu do nada para nos ajudar. No outono de 2009, larguei o mercado financeiro para trabalhar em tempo integral com a Khan Academy. Dez meses depois, minha família exauria nossas economias em ritmo acelerado. Nosso primeiro filho havia nascido e eu tinha dificuldades para dormir devido ao estresse financeiro e, em algum nível, à vergonha de ter abandonado um emprego lucrativo em nome de algo que não parecia ter futuro. No que parecia ser nosso pior momento, Ann Doerr, hoje a nossa presidente, e John Doerr surgiram como que por milagre e doaram o suficiente para continuarmos de pé. Desde então, centenas de milhares de pessoas fizeram doações para nos apoiar. Apesar de não termos fins lucrativos, conseguimos montar uma equipe equivalente às das mais ricas empresas de tecnologia. Centenas de pessoas incrivelmente talentosas comprometeram grande parte de suas carreiras para integrar a equipe da Khan Academy, em muitos casos diminuindo consideravelmente seus ganhos. Milhares de voluntários mundo afora traduziram nosso material para mais de cinquenta línguas. Líderes inspiradores como Bill Gates, Reed Hastings e Elon Musk se tornaram alguns de nossos maiores apoiadores e protetores. Essa jornada parece tão fortuita que virou uma espécie de piada interna da nossa equipe especular se alienígenas benevolentes não estariam nos ajudando para que, via educação, possamos preparar a humanidade para o primeiro contato.

Essa narrativa foi reforçada quando Sam Altman e Greg Brockman, da OpenAI, nos procuraram em primeira mão com uma tecnologia que parecia amarrar todos os fios da minha jornada. O GPT-4 se baseou em anos de inovações importantes da parte de muitas pessoas e empresas, mas foi a primeira tecnologia de IA que me fez questionar verdadeiramente se não estaria sonhando (ou talvez vivendo numa simulação). Superava tudo que Sal, aquele aspirante a pesquisador de IA em 1994, pudesse imaginar que veria acontecer ainda em seu tempo de vida.

Mais importante, talvez fosse a peça que faltava para nossa meta de entregar educação de primeira linha para qualquer pessoa em qualquer lugar. Percebi que, por mais emocionante que possa ser a vida de um pesquisador de IA no presente, mais incrível ainda é pensar em como a tecnologia pode ser aplicada em prol do potencial humano.

Tudo isso não é brincadeira; a urgência é real. Apesar de nos tornar muito mais produtivos como um todo, essa tecnologia também tem o potencial de abalar ou prejudicar muitas companhias e empregos. A pirâmide tradicional do trabalho — cuja base é formada por tarefas manuais menos qualificadas, o meio por funções burocráticas administrativas e o topo por trabalho de conhecimento altamente especializado e empreendedorismo — já não se aplica mais. A robótica, que inclui carros e caminhões autônomos, vai reduzir drasticamente a necessidade de trabalhadores humanos na camada inferior da pirâmide. A IA generativa é claramente capaz de executar grande parte das funções da camada do meio e até aspectos das profissões mais qualificadas do presente. Uma sociedade em que toda a produtividade e a riqueza dela decorrente só beneficiem os píncaros da tradicional pirâmide do trabalho, provavelmente concentrados no Vale do Silício, com muitos outros desempregados, não será estável. Talvez acarrete enormes esforços de redistribuição de renda. Este é um cenário distópico, pois a maioria das pessoas não quer receber esmolas. Preferem ter um propósito, a sensação de estarem contribuindo para o mundo.

A verdadeira solução é inverter a pirâmide do trabalho de forma que muita gente possa operar no topo e usar a IA e outras tecnologias para sua própria produtividade e empreendedorismo. A única forma de termos a esperança de fazê-lo é utilizar essa mesma tecnologia de IA para incrementar as habilidades de uma grande parcela da humanidade nas próximas décadas.

Talvez pouca gente enxergue o universo de *Jornada nas estrelas* por uma lente econômica, mas fazê-lo é dispor de uma janela para um mundo que pode se concretizar muito em breve. Toda a economia clássica se baseia na noção de escassez — ou, para ser mais preciso, de que não costuma haver o bastante de nada para fornecer a todos tudo que querem ou precisam. Por isso, lançamos mão de mercados e precificação com o intuito de alocar esses bens, serviços e recursos onde possam ser mais benéficos. Em *Jornada nas estrelas*, no entanto, não há muita escassez. Graças à tecnologia, sua sociedade replica qualquer alimento que deseje, pessoas percorrem milhares de quilômetros num piscar de olhos via teletransporte, a comunicação é possível mesmo a distâncias de anos-luz e viaja-se por entre as estrelas. Toda a humanidade desse mundo é plenamente educada de forma a poder colher seus frutos. Todos são exploradores, pesquisadores, engenheiros, artistas, médicos ou advogados. A IA generativa tem potencial de permitir a várias dimensões da nossa própria sociedade que vivenciem um quadro semelhante de baixa escassez e intensa abundância. Teremos força de vontade para chegar à utopia de *Jornada nas estrelas*?

Caso não tenhamos, as sociedades cairão cada vez mais nas garras do populismo. Pessoas com tempo de sobra, mas sensação de falta de propósito ou de sentido na vida não costumam ser boas para si ou para os outros. Ficam suscetíveis às ideias de demagogos. A IA generativa pode ser utilizada para nos levar nessa direção negativa ao reforçar "fake news" com vídeos e imagens forjados. Pode ser utilizada por governos para policiar suas próprias populações de forma muito mais rígida do que qualquer coisa que George Orwell tenha imaginado em *1984*. Há décadas já é possível espalhar câmeras e sensores por uma cidade e grampear linhas telefônicas, mas era difícil monitorar todas essas informações e extrair algum sentido delas. IAs poderiam rapidamente identificar qualquer gravação ou observação que pareça desobediência aos olhos do Estado. O Big Brother não só estará de olho, como terá capacidade de compreender o que vê.

Sem as devidas contramedidas e a alfabetização em IA, as pessoas também serão vítimas de fraudes cada vez mais sofisticadas. Prepare-se para, em um futuro próximo, receber telefonemas ou até chamadas em vídeo de algo que parece um familiar seu e alega estar passando por uma emergência e precisar que você lhe envie dinheiro.

IAs terão um papel cada vez maior nas questões de segurança nacional. Inimigos externos serão capazes de orquestrar ataques cada vez mais sofisticados à infraestrutura lançando mão dessa tecnologia, ataques que potencialmente envolvam a manipulação de seres humanos. Imagens geradas por IA de pessoas em filas para retirar o seu dinheiro de bancos podem viralizar em redes sociais e iniciar uma corrida às agências. Atores estatais e não estatais usarão IA generativa nas redes sociais para tentar influenciar os resultados de nossas eleições e tornar nossa sociedade mais dividida. Os melhores estrategistas nas batalhas do futuro provavelmente não serão humanos, e sim IAs.

Essas possibilidades muito reais podem motivar alguns a defender a desaceleração das inovações. Sinceramente, até eu acho o ritmo do desenvolvimento vertiginoso. Mas o gênio já saiu da garrafa e os mal-intencionados não vão pegar leve só porque queremos que o façam. Hoje os bem-intencionados estão à frente, mas é uma corrida de verdade. A contramedida para cada risco não é desacelerar, é garantir que aqueles que defendem a liberdade e fortalecem a humanidade tenham IAs melhores do que quem aposta no caos e no despotismo.

Para nós, o momento pode representar um risco existencial ou uma oportunidade existencial. As pessoas têm todo o direito de estar igualmente assustadas e esperançosas quanto ao que representa esse salto de tecnologia e inovação. Eu, porém, não acredito que nosso futuro dependa de um cara ou coroa. Pelo contrário, creio que todos nós sejamos participantes ativos na decisão de como usar a IA daqui para a frente. Se nos pautarmos pelo medo, quem obedece às regras fica paralisado, mas quem as desrespeita, de governos totalitários às organizações criminosas, só vai acelerar o desenvolvimento da IA. A única forma de nos certificarmos de estar mais perto do cenário utópico de *Jornada nas estrelas* é redobrarmos esforços para usar grandes modelos de linguagem em prol da sociedade.

Este não é um treinamento: a IA generativa veio para ficar. É um tsunami; o mar já recuou do litoral e agora vem à toda na nossa direção. Se a escolha é entre sair correndo ou surfar a onda, eu acredito em me equilibrar sobre ela com os dois pés enquanto tomo precauções para não ser atingido pelos destroços.

Cada um de nós tem a obrigação de garantir o uso responsável dessa tecnologia. Isso significa que, na posição de desenvolvedores, precisamos instalar as barreiras necessárias para proteger nossos filhos. Quando problemas se apresentarem, devemos aplicar regulamentos razoáveis, que não acabem colocando os infratores numa posição vantajosa. Enquanto isso, precisamos acelerar nossos esforços e ter a certeza de que estamos desenvolvendo a tecnologia com a intenção e a pedagogia corretas. Isso nos possibilitará acelerar o avanço do propósito e do potencial humano. Vamos usar a IA para criar uma nova era de ouro para a humanidade, um tempo que fará o atual parecer a idade das trevas. Do meu ponto de vista, nada poderia ser mais inspirador e importante.

AGRADECIMENTOS

OBRIGADO A UMAIMA Marvi por ser a melhor parceira de vida, cujo apoio foi tão influente em cada passo desta jornada.

Imran, Diya e Azad, que me inspiram todos os dias a tentar me aperfeiçoar e tornar o mundo um lugar um pouco melhor. Masooda Khan, por me criar como mãe solteira e me ensinar a persistir quando tudo fica difícil. Farah Khan, por ter sido o meu primeiro professor e mentor. Naseem Marvi, por ser uma sogra, ouvinte e amiga incrível. Polly, por ter sido a esquenta-pés ideal durante boa parte do processo de escrita do livro.

Nadia, Arman, Ali, Azad e Nazrat Rahman, por terem ajudado a plantar a semente de tudo isso. Dan Wohl, por ter sido um ótimo chefe e mentor que não se importava por eu me dedicar paralelamente à Khan Academy enquanto trabalhava para ele.

Ann (presidente do nosso conselho) e John Doerr pela crença nesta empreitada e por apoiá-la desde o início.

Shantanu Sinha, Ben Kamens, Jason Rosoff e Bilal Musharraf, a primeira equipe que se juntou a mim na Khan Academy e me ajudou a transformá-la numa organização de verdade.

Bill Gates, Jorge Paulo e Susanna Lemann, Carlos Rodriguez--Pastor, Reed Hastings, Dan Benton, Scott Cook, Signe Ostby, Ratan Tata, Carlos Slim, Tony Slim, Eric Schmidt, Elon Musk, David Siegel, Laura Overdeck, John Overdeck, Laurene Powell Jobs, David Stiles

Nicholson, Carlyse Ciocca, Erica e Feroz Dewan, Ray e Barbara Dalio, Bob Hughes, Jack Little, Jeanne O'Keefe, Craig Santos, Charles, Liz, Chase e Elizabeth Koch, Brian Hooks, Janine e Jeff Yass, Ravenel Curry, Laure e Guillaume Pousaz, Ross Annable, Lonnie Smith, Mark e Debra Leslie, Chuck Kung e Lisa Guerra, Larry Cohen, Sundar Pichai, James Manyika, Satya Nadella, Shantanu Narayen, Dharmesh Shah, Jack Dorsey, Jeb Bush, Sean O'Sullivan, Ted Mitchell, Patricia Levesque, Curtis Feeny, Sanjiv Yajnik, Fareed Zakaria, Arne Duncan, Tom Friedman, Diane Greene, Walter Isaacson, Todd Rose, David Coleman, Sameer Sampat, Dianne Seeman, Yuri Milner, Henry McCance, Geraldine Acuna-Sunshine, Craig McCaw, Susan McCaw, Tim Reynolds, Scott Heimlich, Eduardo Cetlin, Gisèle Huff, Jerry Hume, Darren Woods, Robert Bradway, Gary Wilson, Jeff e Tricia Raikes, Bobby Kotick, Mason e Logan Angel, Angela Duckworth, Ethan Mollick, Chris Anderson e Francis Ford Coppola, por serem incríveis apoiadores, conselheiros e mentores.

Greg Brockman, Sam Altman e Jessica Shieh, pela parceria nesta jornada pela IA.

Toda a equipe da Khan Academy, incluindo os indivíduos a seguir, que tanta influência tiveram sobre nossos conceitos iniciais e em nosso lançamento:

Engenharia: Paul Morgan, Shawn Jansepar, Sujata Salem, Jason Chancey, Pepper Miller, Mark Sandstrom, Sean Driedger-Bauer, John Resig, Kelli Hill, Chase Carnaroli, Jason Voll, Jack Zhang, Hunter Liu, RJ Corwin, Salman Omer, Zachary Plummer, Alice Pao, Jeanette Head, Brian Genisio, Jonathan Price, Liz Faubell, Mahtab Sabet, Robert Pippin, Sarah E.S. Proffitt, Walt Wells, Matthew Curtis, Ned Redmond, Nicole Watts, Rachel Roberts, Sarah Third, David Braley, Kathy Phillip, Luke Smith, Andrew Pagan, Alex Morelli, Maddy Andrade-Ozaette, Amos Latteier, Elise McCrorie, Divya Chandrasekar, Emily Janzer, Ian Powell, Adam Berkan, Adam Goforth, Patrick McGill, Matt Morgan, Boris Lau, Erik Helal, Michael Mendoza, Nathan Dobrowolski, Kevin Barabash,

Gerardo Gonzalez, Gina Valderrama, Danielle Whyte, Tim McCabe, Craig Silverstein, Miguel Castillo, Reid Mitchell, Cat Yannish.

Produto, conteúdo e design: Kristen DiCerbo, Ricky Chandarana, Adrienne Hunter Wong, Dave Travis, Laurie LeDuc, Daniel De Angulo, Sarah Robertson, Gintas Bradunas, Tommy Day, Susan August, Elvira Valdez, Corey Kollbocker, Jess Hendel, Heather Meston, Charlie Auen, Jeff Dodds, Nick Kokkinis, Anya Bila, Jonah Goldsaito, Lan Borg, Karen Shapiro.

Obrigado a Stacey Olson, Vicki Zubovic, Regina Ross, Julian Roberts, Rachel Boroditsky, Julia Cowles, Sandeep Bapna, Jeremy Schifeling, Jason Hovey, Ted Chen, Craig Silverstein, Diana Olin, Jordan Peavey, Evan Rahman, Eirene Chen, Barb Kunz, Felipe Escamilla e Jesse Ambrose por apoiarem e comandarem partes-chave do nosso trabalho.

Agradecimentos especiais a visionários líderes educacionais como a dra. Katie Jenner, o comissário Frank Edelblut, a superintendente Peggy Buffington, o dr. Jose Fuentes, Alan Usherenko, Tim Nellegar e todos os formidáveis educadores e estudantes das escolas públicas de Newark, do distrito escolar de Hobart e de nossos distritos parceiros em Indiana e país afora.

Meus agradecimentos a Richard Pine, Eliza Rothstein, a Inkwell Management, Ibrahim Ahmad, Lee Kravetz, Carolyn Coleburn, Yuleza Negron, Bridget Gilleran, Molly Fessenden, Barb Kunz, Elizabeth Pham Janowski, Alex Cruz-Jimenez, Carrie Cook, Suzanne Roberts, Tom Greene, Tomer Altman, Joanna Samuels, Roger Studley, Eric Berson, Mimi Kravetz.

Um enorme agradecimento a Jeremiah Hennessy por me convencer a largar meu emprego em 2009.

Gostaria de agradecer às centenas de milhares de pessoas cujas doações tornaram a Khan Academy possível e às centenas de milhões de aprendizes, pais e professores que escolheram usar a Khan Academy para elevar a si próprios e àqueles que amam.

Por último, mas não menos importante, obrigado, alienígenas benevolentes, por nos ajudarem a preparar a humanidade para o primeiro contato. Avante!

REFERÊNCIAS

PARTE 1: O NASCIMENTO DO TUTOR DE IA

36 **"Hoje nos deparamos":** WEISSMAN, Jeremy. ChatGPT is a plague upon education. *Inside Higher Ed*, 9 fev. 2023. Disponível em: https://www.insidehighered.com/views/2023/02/09/chatgpt-plague-upon-education-opinion. Acesso em: 12 jun. 2025.

PARTE 2: DANDO VOZ ÀS CIÊNCIAS SOCIAIS

68 **A julgar por uma análise de dados [...] feita pelo Gallup em 2020:** ROTHWELL, Jonathan. Assessing the economic gains of eradicating illiteracy nationally and regionally in the United States. *Gallup*, 8 set. 2020. Disponível em: https://www.barbarabush.org/wp-content/uploads/2020/09/BBFoundation_GainsFromEradicatingIlliteracy_9_8.pdf. Acesso em: 12 jun. 2025.

73 **"A mente humana":** CHOMSKY, Noam; ROBERTS, Ian; WATUMULL, Jeffrey. The false promise of ChatGPT. *New York Times*, 8 mar. 2023. Disponível em: www.nytimes.com/2023/03/08/opinion/noam-chomsky-chatgpt-ai.html. Acesso em: 12 jun. 2025.

86 **"Devo admitir":** BROCKELL, Gillian. We "interviewed" Harriet Tubman using AI. It got a little weird. *Washington Post*, 14 jul. 2023. Disponível em: www.washingtonpost.com/history/interactive/2023/harriet-tubman-articial-intelligence-khan-academy/. Acesso em: 12 jun. 2025.

PARTE 3: CAPACITANDO OS PRÓXIMOS INOVADORES

112 **Segundo um relatório do Departamento de Educação de 2015:** U.S. DEPARTMENT OF EDUCATION OFFICE FOR CIVIL RIGHTS. *Stem course taking*. Coleção de dados sobre direitos civis 2015–16, abr. 2018. Disponível em: www2.ed.gov/about/offices/list/ocr/docs/stem-course-taking.pdf. Acesso em: 12 jun. 2025.

PARTE 4: JUNTOS SOMOS MAIS FORTES

133 ***Journal of Medical Internet Research*:** ABD-ALRAZAQ, Alaa Ali *et al.* Effectiveness and safety of using chatbots to improve mental health: systematic review and meta-analysis. *Journal of Medical Internet Research*, v. 22, n. 7, 13 jul. 2020. doi:10.2196/16021. Disponível em: https://www.jmir.org/2020/7/e16021/citations. Acesso em: 12 jun. 2025.

PARTE 5: ZELANDO PELA SEGURANÇA DAS CRIANÇAS

147 **Numa época em que a desinformação:** HOWARD, Philip N. *et al.* Digital misinformation/disinformation and children. *UNICEF*, Innocenti — Global Office of Research and Foresight, ago. 2021. Disponível em: https://www.unicef.org/innocenti/reports/digital-misinformation-disinformation-and-children. Acesso em: 12 jun. 2025.

148 **A maior parte dos marcadores:** ELHAI, Jon D. *et al.* Problematic smartphone use: a conceptual overview and systemic review of relations with anxiety and depression psychopathology. *Journal of Affective Disorders*, v. 207, p. 251-259, jan. 2017. Disponível em: www.sciencedirect.com/science/article/abs/pii/S0165032716303196?via%3Dihub. Acesso em: 12 jun. 2025.

149 **Muitas dessas coisas:** PINKER, Steven. The media exaggerates negative news. This distortion has consequences. *Guardian*, 17 fev. 2018. Disponível em: https://www.theguardian.com/commentisfree/2018/feb/17/steven-pinker-media-negative-news. Acesso em: 12 jun. 2025.

160 **Pesquisas do Barnard College sobre psicologia infantil:** HUDDLESTON JR., Tom. Ivy League child psychologist: let your kid use ChatGPT — but only if you do these 3 things first. *CNBC*, 20 jul. 2023. Disponível em: https://www.cnbc.com/2023/07/29/ivy-league-child-psychologist-how-parents-can-help-kids-use-ai-safely.html. Acesso em: 12 jun. 2025.

PARTE 6: O ENSINO NA ERA DA IA

171 **49% desse tempo:** NAJARRO, Ileana. Here's how many hours a week teachers work. *EducationWeek*, 14 abr. 2022. Disponível em: https://www.edweek.org/teaching-learning/heres-how-many-hours-a-week-teachers-work/2022/04. Acesso em: 12 jun. 2025.

182 **De acordo com a pesquisa Voz do Estudante:** EZARIK, Melissa. Shades of gray on student cheating. *Inside Higher Ed*, 6 dez. 2021. Disponível em: https://www.insidehighered.com/news/2021/12/07/what-students-see-cheating-and-how-allegations-are-handled. Acesso em: 12 jun. 2025.

182 **Outro artigo da *Inside Higher Ed*:** ALONSO, Johanna. In proctoring debate, Stanford Faculty takes 'nuclear option'. *Inside Higher Ed*, 5 maio 2023. Disponível em: https://www.insidehighered.com/news/students/academics/2023/05/05/proctoring-debate-stanford-faculty-takes-nuclear-option. Acesso em: 12 jun. 2025.

182 **Segundo uma pesquisa do Middlebury College:** MCELROY, Ryan; WEISS, Evan. Zeitgeist 5.0. *The Middlebury Campus*, maio de 2023. Disponível em: https://www.middleburycampus.com/article/2023/05/zeitgeist-5-0. Acesso em: 12 jun. 2025.

182 **Segundo Debra Satz:** ADAMI, Chelcey. Faculty Senate approves changes to Honor Code, Judicial Charter. *StanfordReport*, 27 abr. 2023. Disponível em: https://news.stanford.edu/report/2023/04/27/faculty-senate-approves-changes-honor-code-judicial-charter/. Acesso em: 12 jun. 2025.

183 **o *New York Times* fez uma reportagem:** STOCKMAN, Farah; MUREITHI, Carlos. Cheating, Inc.: how writing papers

for american college students has become a lucrative profession overseas. *New York Times*, 7 set. 2019. Disponível em: https://www.nytimes.com/2019/09/07/us/college-cheating-papers.html. Acesso em: 12 jun. 2025.

PARTE 7: A SALA DE AULA GLOBAL

190 **Um estudo de 2004 da UNESCO:** CHAUDHURY, Nazmul *et al.* Teacher absence in India: a snapshot. *UNESCO*, International Institute for Educational Planning, 2004. Disponível em: https://etico.iiep.unesco.org/en/teacher-absence-india-snapshot#:~:text=25%25%20of%20teachers%20were%20absent,concentrated%20in%20the%20poorer%20states. Acesso em: 12 jun. 2025.

PARTE 8: A IA, AS AVALIAÇÕES E A ENTRADA NO ENSINO SUPERIOR

205 **"alunos que participaram [...]":** KHAN ACADEMY. Elevating Math scores: the ongoing success of MAP Accelerator. *Khan Academy*, 2022. Disponível em: https://blog.khanacademy.org/wp-content/uploads/2023/09/MAP_Accelerator_21_22_Brief-1.pdf. Acesso em: 12 jun 2025.

217 **Os ex-alunos que os entrevistavam:** HARTOCOLLIS, Anemona. Harvard rated Asian-American applicants lower on personality traits, suit says. *New York Times*, 15 jun. 2018. Disponível em: https://www.nytimes.com/2018/06/15/us/harvard-asian-enrollment-applicants.html. Acesso em: 12 jun 2025.

PARTE 9: O QUE VEM A SEGUIR NO MERCADO DE TRABALHO

227 **Os primeiros estudos controlados:** CHUI, Michael. Forward thinking on the brave new world of generative AI with Ethan Mollick. *McKinsey Global Institute*, 31 maio 2023. Disponível em: www.mckinsey.com/mgi/forward-thinking/forward-thinking-on-the-brave-new-world-of-generative-ai-with-ethan-mollick. Acesso em: 12 jun 2025.

Este livro foi impresso pela Vozes, em 2025, para a HarperCollins Brasil.
O papel do miolo é Avena 80g/m^2 e o da capa é Cartão 250g/m^2.